D1748085

Michaele Scherenberg / Karl-Heinz Stier

Hessen à la carte 2

Das Buch zur **hr**-Fernseh-Serie

Eichborn Verlag

Zum Geleit

Die große Resonanz auf das erste Buch »**Hessen à la carte**« hat uns ermutigt, auch die nächsten 10 Regionen mit 100 Rezepten zu einem zweiten Buch zusammenzufassen.
In der Konzeption sind wir uns treu geblieben:
Wie auch schon in der ersten Ausgabe ist »Hessen à la carte« kein Kochbuch im traditionellen Sinne, sondern es vermittelt Wissenswertes von Land und Leuten der jeweiligen Regionen, Historisches – eingebunden in das soziale Umfeld der Zeitabschnitte – und stellt die Nahrungsgewohnheiten der Bevölkerung in einen sozio-kulturellen Zusammenhang. So ist das Buch in einem erweiterten Sinn ein Heimatkunde- und Geschichtsbuch. Es stellt die sogenannte »gute alte Zeit« dar, die – was die Lebens- und Arbeitsbedingungen angeht – gewiß nicht so gut war. Unsere Vorfahren mußten sich zum Überleben im wahrsten Sinne des Wortes »abrackern«. Die sozialen Errungenschaften, wie etwa die 40-Stunden-Woche – das konnten sich unsere Großväter und Großmütter überhaupt nicht vorstellen. Dennoch war die Küche in früheren Zeiten keinesfalls einfallsarm. Die Bäuerinnen wußten schon aus dem wenigen, was sie hatten, Vielfältiges zusammenzustellen. Die Kartoffel als eines der wichtigsten Nahrungsprodukte ist in diesem Buch ein gutes Beispiel. Ähnliches gilt für Mehl oder Milch.
Es sind Gerichte dabei, die in Vergessenheit geraten sind oder in Omas Kochbuch schlummern, aber auch Rezepte, die noch heute in dieser Gegend gegessen werden. Die Palette reicht vom Arme-Leute-Essen bis zum anspruchsvollen Gericht im Restaurant. Und fast alles ist leicht nachzukochen. Eine große Hilfe bei unseren Recherchen und Dreharbeiten waren die vielen Landfrauenverbände, die uns bei der Findung und der Zubereitung der Rezepte mit Rat und Tat unterstützt haben. Ihnen gilt unser besonderer Dank.
Ein herzliches Dankeschön geht auch an Herrn Gerd Grein, der uns ein unentbehrlicher Helfer bei der Textgestaltung und bei der thematischen Auswahl war.
Mögen Sie bei der Lektüre dieses Buches genausoviel Freude haben wie bei der ersten Ausgabe. Auch sind wir für kritische Anmerkungen aufgeschlossen. Sie können dazu beitragen, daß wir unsere Arbeit, ob im Buch oder in unseren Fernsehsendungen verbessern helfen.
Wir wünschen Ihnen, daß Sie dem Buch viele Anregungen entnehmen und nicht zuletzt natürlich einen guten Appetit.

    Michaele Scherenberg   Karl-Heinz Stier

© Vito von Eichborn GmbH & Co. Verlag KG, Frankfurt am Main, Oktober 1994.
Umschlaggestaltung: Uwe Gruhle. Textliche Mitarbeit: Gerd Grein. Gestaltung: Marhold.
Fotos: Petra Kerstan.
Lithografie: BGR-Druck-Service, Frankfurt.
Druck und Bindung: Fuldaer Verlagsanstalt GmbH.

ISBN 3-8218-1729-1

Verlagsverzeichnis schickt gern:
Eichborn Verlag, Kaiserstraße 66, D-60329 Frankfurt.

I. Allerlei Essen aus Kassel und Umgebung

Über 420.000 Einwohner zählt die Region um Kassel, Hessens grüne Nordspitze – wie sie auch genannt wird. Kassel selbst, die über tausend Jahre alte Großstadt, ist das wirtschaftliche und kulturelle Zentrum der Ferienregion Hessisches Bergland, die Stadt der Künste, der Mittelpunkt der deutschen Märchenstraße. Umschlossen von Naturpark und Mittelgebirgslandschaften, besitzt die nordhessische Metropole einzigartige Parks, Schlösser und Museen.

Wasser und Wald sind das Markenzeichen im Landkreis Kassel, dem Ferienland zwischen Weser, Diemel und Fulda. Deshalb spielt hier der Fremdenverkehr eine nicht zu unterschätzende Rolle. In den 29 Städten und Gemeinden werden jährlich 1,3 Millionen Übernachtungen gezählt. 17 Stadt- bzw. Ortsteile sind staatlich anerkannte Erholungsorte, 13 als Luftkurorte anerkannt, drei als Familienferienorte. Die 8300 Unterkunftsmöglichkeiten reichen von Privat-Pensionen über Landgasthöfe bis zu komfortablen Bade- und Schloßhotels. Für Campingfreunde stehen auf 13 Arealen 1800 Stellplätze zur Verfügung.

„Die Nationalgerichte, die den Casselanern eigen, lassen sie in fremden Landen stets an Heimweh schrecklich leiden."

Da muß es doch etwas Besonderes auf sich haben, wenn ein Schriftsteller im 19. Jahrhundert so in Verzückung gerät. Die Küche der Kasseler Region ist die Kulturleistung einer geschichtsträchtigen Landschaft, geprägt von der bäuerlichen Bevölkerung und ihren oft dürftigen Lebensweisen, von den Einflüssen des Hofes der ehemaligen Landgrafen und späteren Kurfürsten von Hessen-Kassel. Anregungen kamen aus den Kräutergärten der nordhessischen Klöster und der Apotheken. Weltbürgerliches Flair brachten die Glaubensflüchtlinge aus Frankreich und die Zuwanderer aus der Kurpfalz mit. Aus Thüringen reicht die Vorliebe für Klöße herüber. Altes Brauchtum und Erfahrungen der Volksmedizin haben sich ebenso in die nordhessische Küche eingebracht wie die Experimentierfreude der Bäcker, Metzger, Konditoren und Köche.

Viele Gerichte sind schon früh urkundlich erwähnt: die Bratwurst, der Hornaffen – ein Brauchtumsgebäck – und das Sauerkraut.

Immer wieder neue Kreationen für den verwöhnten Gaumen kamen aus der Küche des Hofes in Kassel. Um 1580 ließ Landgraf Wilhelm ein „Verzeichnis allerlei essen" aufstellen, und darin finden wir ein erstaunlich breites Spektrum: 22 Suppenrezepte, 36 Beilagen aus Gemüse oder Obst, 11 Speisen aus Eiern, Milch oder Milcherzeugnissen, 17 Salate, 53 verschiedene Braten, 21 Ragouts, 6 Arten Pökelfleisch, 4 Sorten Wurst, 46 Fischgerichte, außerdem 28 „Gewürze" aus Fleisch, Innereien oder Fisch, 44 Pasteten und 42 Arten Gebäck.

Gelegentlich gab aber auch der Hof Beispiele an Sparsamkeit. So regelt das Edikt des hessischen Landgrafen und Schwedenkönigs Friedrich I. von 1731 „Wie es in Hessen in Zukunft bei Kindtaufen, Hochzeiten, Begräbnissen und Trauerfällen soll gehalten werden", worin jeglicher Luxus, auch das Prassen, verboten war. Und der Landgraf Wilhelm IX. schrieb einst an den Rand eines Speisezettels, indem er die Zitronenscheiben als Garnitur strich: „Gelbe Rüben Thuns auch."

Die kulturellen Leistungen der Landgrafen von Hessen-Kassel im 18. Jahrhundert sind beispielhaft, so im Städtebau (Kassel, Bad Karlshafen) sowie in der repräsentativen Garten- und Schloßarchitektur. Dabei darf aber nicht jenes traurige Beispiel von Fürstenwillkür vergessen werden, als ab 1776 fast 17.000 hessische Landessöhne an der Seite Englands im Amerikanischen Unabhängigkeitskrieg kämpften. Der Fürst soll dafür wahrhaft fürstlich belohnt worden sein.

Doch zurück zu unserer kulinarischen Reise durch die Region und zu den Leibspeisen, dem „Schmeggewehlerchen", wie man die Leib und Seele erquickenden landschaftlichen Spezialitäten nennt, die Michaele Scherenberg und Karl-Heinz Stier mit dem Tandem erkundet haben.

Frischlingskeule

Von allen Diehren, wie säh sinn,
äß das Beste doch das Schwinn.

Ein wichtiger Punkt auf der „Märchenstraße" von Hanau nach Hannoversch Münden ist die Sababurg. Nach der Überlieferung soll es das Dornröschenschloß der Brüder Grimm sein. Zum Schutz des nahegelegenen Wallfahrtsortes Gottsbüren wurde es ab 1334 errichtet und trug den Namen „Zapfenburg". Die heutige Bezeichnung „Sababurg" soll von einer sagenhaften Frau Saba herrühren. Glanzvolle Zeiten erlebte das mächtige Bauwerk, war aber auch Zankapfel territorialer Interessenlagen benachbarter Herrscher. Nach einer Teilung zwischen Kurmainz und Hessen kam die Anlage schließlich 1429 ganz in die Hände des Landgrafen von Hessen. Da war aber auch schon das vorübergehende Ende der einst wehrhaften Burg eingeläutet: politisch und militärisch bedeutungslos geworden, zerfielen die Gebäude. Nach eingehenden Bauarbeiten diente die Anlage als Jagdschloß und 1571 ließ Landgraf Wilhelm IV. den etwa 1 qkm großen „Thierpark" - eine der ältesten Anlagen Europas -, mit einer 3 m hohen und 5 km langen Steinmauer einfrieden. 1771 erhielten die Türme die prägenden „Welschen Hauben" und das ganze Schloß eine prunkvolle Ausstattung. Knapp 200 Jahre später wurde es zum Hotel umgebaut. Im Tierpark nebenan leben Wisente, Auerochsen, Vertreter aller drei Wildpferdearten, viele Vogelarten, Muffelwild und anderes einheimisches Wild in großer Zahl, auch bedrohte und ausgerottete Tierarten.

Nur wenig entfernt liegt der 100 Hektar große „Urwald" Sababurg, ein Waldstück, das man seit rund 80 Jahren sich selbst überläßt. Hier kann man in einer einmaligen Wildnis aus Riesenfarnen und modernen Baumriesen von Gnomen, Riesen und verwunschenen Märchengestalten träumen.

Rezept von Karl Koseck, Sababurg

Zutaten:

Frischlingskeule,
1 Sellerieknolle,
2 Porreestangen, 3 Karotten,
1 Pastinakenwurzel,
¼ l Rotwein, 2 l Fleischfond,
Salz, Pfeffer, Thymian, Rosmarin, Wacholderbeeren,
Hagebuttenmark, junge zarte Tannenspitzen, Schmand.

Zubereitung:

Frischlingskeule mit Salz, Pfeffer, Thymian und Rosmarin würzen und anbraten. Das grob geschnittene Wurzelwerk dazugeben und nochmals anbraten. Mit Rotwein ablöschen und mit Fleischfond auffüllen. Die Keule zwei bis drei Stunden garen lassen. Dann das Fleisch herausnehmen, für die Sauce Wacholderbeeren, Hagebuttenmark und ein paar junge Tannenspitzen dazugeben. Sauce 10 Minuten kochen lassen, passieren und mit Schmand verfeinern.

Rezept Nr. 2 — Gottsbüren

Köhlersuppe

*Wer weenich Bodder hodd,
muß dinne schmären.*

Mitten im Reinhardswald liegt das Dorf Gottsbüren, ein ehemals bedeutender Wallfahrtsort. Angeblich hat man 1331 auf freiem Feld in unmittelbarer Nachbarschaft des unscheinbaren Dorfes den unversehrten und sogar noch blutige Tropfen schwitzenden Leichnam des Heilands gefunden – so jedenfalls will es die Legende. Die Kunde flog in Windeseile von Ort zu Ort, der Strom der Wallfahrer riß nicht ab. Eine Hallenkirche mit Wehrturm wurde aus den Opfergaben der Wallfahrer gebaut. Die Reformation bereitete dem mittelalterlichen Kult dann ein jähes Ende.

Überhaupt war der Reinhardswald früher weitaus dichter besiedelt und unter den Frankenkönigen Reichsforst gewesen. Die geistlichen Herren bemächtigten sich erst später des Waldes und rodeten weite Flächen, um Huten für die Viehherden anlegen zu können. Zu dieser Zeit erschien eines Tages der Bote des Abtes eines Weserklosters beim Ritter Reinhard, von dem der Wald seinen Namen haben soll, hielt ein verblaßtes Pergament entgegen und bedeutete, ein frommer Vorfahre des Ritters habe die Huten und Äcker einst dem Kloster geschenkt. Der Abt möchte sie wieder für das Kloster einziehen. Der Ritter, des Lesens unkundig, willigte ein, bat aber darum, nur noch einmal eine Saat und Ernte einbringen zu können. Die Bitte wurde ihm gewährt, und er säte Eicheln aus! Der Abt und sein Kloster ist längst vergessen, nicht jedoch die unzähligen mächtigen Eichen, die den Reinhardswald heute so bekanntgemacht haben.

Der Wald brachte den Bewohnern ein zwar kärgliches, aber stetes Auskommen. Überall haben die Köhler ihre Kohlplatten angelegt und ihre Meiler angezündet.

„Bi ins kimmed nix imme", lautet eine verbreitete Redewendung in Nordhessen. Die Köhlersuppe beweist es.

Zutaten:

*300 g Zwiebelscheiben,
200 g Schweineschmalz,
3 geviertelte Tomaten,
500 g Weißkraut in feinen Streifen,
500 g Kartoffelwürfel,
500 g Wildfleisch,
4 l Brühe,
200 g Waldpilze zerkleinert,
4 Wacholderbeeren,
100 g Preiselbeeren,
5 EL Schmand,
5 EL Hagebuttenmark,
gewürfeltes Roggenbrot,
Salz, Pfeffer, Knoblauch.*

Zubereitung:

Zwiebeln in Schmalz anbraten, Tomaten zugeben und andünsten. Weißkraut, Kartoffeln dazugeben, mit Brühe aufgießen. Wildfleisch mit Knoblauch abreiben, würfeln und mit Wacholderbeeren zur Suppe geben, aufkochen lassen. Pilze und Preiselbeeren zufügen, ebenfalls den mit Hagebuttenmark verrührten Schmand. Mit Salz und Pfeffer abschmecken. Als Einlage altbackenes Roggenbrot in die Köhlersuppe brocken.

Rezept von Heinrich Keim, Kassel

Rezept Nr. 3 — Lippoldsberg

Bierbrocken

*Au gudes Bier
macht beese Käbbe.*

Die Kunsthistoriker zählen sie zu den wichtigsten romanischen Bauwerken Hessens aus dem 12. Jahrhundert: die Kirche des lange aufgegebenen Klosters in Lippoldsberg.

Das um 1100 niedergeschriebene Gelöbnis der Äbtissin Immida und ihrer 22 Nonnen gewährt einen zuverlässigen Einblick in das Leben der Benediktinerinnen. Das Leben der kleinen Leute in der Region dokumentieren das Museum und die Werkstatt im Schäferhaus.

In der Schmiede führt ein Handwerker seine Arbeiten vor, im Backhaus kann gebacken werden, auf den Webstühlen wird gewebt.

Und so sah der Speiseplan früher aus: Zum Frühstück gab's meist „Brocken", das war in kleine Stücke geschnittenes Altbrot, über das heiße Milch oder Malzkaffee gegossen sowie ein oder zwei Teelöffel Zucker gestreut wurden; zum Mittagessen mindestens drei- bis viermal in der Woche „Durcheinander", also Eintopfgerichte aus gewürfelten Kartoffeln mit Erbsen, Bohnen, Linsen, Graupen und Steckrüben. Speck oder Fleisch als Beikost waren schon Delikatessen. Im Sommer wurde dieser Küchenplan durch Reisbrei, Milchsuppe, Grießbrei, rote Grütze und Biersuppe ergänzt. Die Biersuppe erinnert an die Zeit, als Lippoldsberg zwei - im Jahre 1689 privilegierte - Bierbrauereien besaß. Der Amtsvogt berichtete Mitte des 18. Jahrhunderts, daß der wöchentliche Bierumsatz von etwa sechs Fässern pro Gasthaus nicht allzuhoch sei. Es gab aber um diese Zeit bei 530 Einwohnern neun Wirte!

Zutaten:

2 l Milch,
1 Flasche helles und
1 Flasche dunkles Bier,
Zucker,
1 Stange Zimt,
3 Päckchen Vanillezucker,
1 Prise Salz,
4 Eier,
Puddingpulver,
5 Scheiben Graubrot.

Zubereitung:

Milch erhitzen, Bier dazugeben und aufkochen lassen, Zucker, Vanillezucker, Zimt und die Prise Salz dazugeben. Eigelb von 4 Eiern mit Puddingpulver anrühren und in die Suppe geben, Eiweiß aufschlagen und unterheben. Eingeweichtes Brot passieren oder in groberen Brocken dazugeben.

Rezept von Miele Schäfer, Else Nückel und Gertrud Nückel

Rezept Nr. 4 — Hofgeismar

Kaffeecreme

Ach du mein lieber Gott, muß ich schon wieder fort, auf die Chaussee, ohne Kaffee? (Ausspruch eines Postillons)

Diemelsächsische Zimmerleute gaben Hofgeismar ein unverwechselbares Gesicht. Sie benutzten die mächtigen Buchen- und Eichenstämme aus dem benachbarten Reinhardswald für die Fachwerkgerüste der prächtigen Bürger- und Handwerkerhäuser. Aber auch die Steinbauten des Klassizismus haben zu einem abwechslungsreichen Ambiente beigetragen.

Mainzer Bischöfe und hessische Landgrafen setzten die steinernen Zeugen des Glaubens und der Macht: Mauern und Tore der Stadtbefestigung, Kirchen und Türme, Zehntscheuern und Verwaltungsbauten.

Die Entwicklung Hofgeismars nachhaltig geprägt hat aber die zufällige Entdeckung einer heilkräftigen Quelle im unteren Lempetal im Jahre 1639. Nachdem die energische Landgräfin Amelia Elisabeth die Heilkraft des Wassers als probat erkannte und propagierte, besuchten zahlreiche Bürger aus der Nähe und hohe Herrschaften aus der Ferne die Badeanlagen. 1866 ließ die preußische Besatzungs-

macht den „Gesundbrunnen bei Hofgeismar" und den Badebetrieb schließen.

Zu den Kuren gehörten aber auch die vielen leiblichen und geistigen Genüsse, die ehemals die Badegäste ausgiebig genossen. So gibt es noch heute die Seufzerallee in Hofgeismar, wo der Erzähltradition zufolge sich an jedem Baum irgendwann einmal ein Kurgast aufgehängt haben soll – sei es aus Liebeskummer oder aus Spielschulden! Gern getrunken wurde damals der Kaffee, der allerdings bis weit ins 18. Jahrhundert hinein wegen der aufreizenden Wirkung verboten war.

Zutaten:

2 Eigelb,
½ l Milch,
20 g Zucker,
2 Blatt farblose Gelatine,
2 Päckchen Vanillezucker,
3 TL Pulverkaffee,
40 g Schokoladenraspeln,
⅛ l geschlagene Sahne.

Zubereitung:

Eigelb im Wasserbad mit Zucker aufschlagen, heiße Milch und in Wasser geweichte Gelatine dazugeben. Leicht abkühlen lassen, Pulverkaffee, Schokoladenraspeln und Vanillezucker zufügen. Geschlagene Sahne unterheben, die Creme in Schälchen geben und kalt stellen. Mit Sahne und Schokobohnen garnieren. Dazu eine Sauce aus ½ l Milch, 50 g Zucker, 2 Eiern, 1 Eigelb, 1 Vanilleschote (alles im Wasserbad heiß aufgeschlagen) und 1 TL Kakaopulver.

Rezept von R. Kuchenbäcker

Rezept Nr. 5 — Niederzwehren

Strünkchen

*Was iwwerig bliewed,
wärd fär den Owend gebrooden.*

Kassel ist eng mit dem Leben und Wirken der Brüder Grimm verbunden. Beide Brüder fanden später Anstellung bei der Kasseler Landesbibliothek. Jakob Grimm wurde Begründer der germanischen Philologie, Wilhelm betreute die von beiden ins Leben gerufene Märchensammlung, wovon die erste gedruckte Ausgabe 1812 in Berlin erschien.

Das Brüder-Grimm-Museum an der Schönen Aussicht kündet vom Leben und Wirken der Märchensammler.

Die Märchensammler waren auf zahlreiche Gewährsleute angewiesen, meist aus dem einfachen Volk. Die wohl berühmteste Gewährsfrau stammte aus der „Knallhütte" im heutigen Vorort Niederzwehren: Katharina Dorothea Viehmann, geborene Pierson, eine Hugenottentochter. In der Knallhütte wurde seit 1753 Bier gebraut und ausgeschenkt. Zu den zahlreichen Gästen gehörten Fuhrleute, die hier Station machten und mit ihren Peitschen so knallten, daß die Herberge danach benannt wurde. Von diesen Fuhrleuten hat die junge Viehmännin all die vielen Märchen gehört, von denen sie den Brüdern Grimm erzählte.

Die Grimms bezeichneten ihre „Märchenfrau" als „Marktfrau mit der Kötze". Kötzen sind Rückentragekörbe, die früher von den Frauen geschultert wurden, wenn sie auf den Markt zogen. Darin unterschieden sich einst die Frauen in Niederhessen von denen in Ostheſſen: hier wurden alle Lasten auf dem Rücken befördert, während dort die Körbe auf dem Kopf getragen wurden!

Von Reichtümern waren diese Frauen nicht gesegnet, die mit dem Korb Aufträge erledigten und somit ein kleines Zubrot zum Familieneinkommen sich verschafften. Entsprechend war aber auch der Küchenplan, wovon unser Gericht von den Strünkchen ein Beispiel gibt.

Zutaten:

*Strünkchen (vom ausgewaschenen Endivien- oder Bindsalat),
30 g Butter,
150 g Schmand,
2 Eigelb,
Salz, Muskat.*

Zubereitung:

Strünkchen schälen und schräg in dünne kleine Scheiben schneiden. In Wasser weich kochen und die Scheiben in heiße Butter geben und darin etwas schwitzen lassen.

Schmand dazugeben. Vor dem Servieren ein paar Eigelb unterrühren und mit Salz und Muskat abschmecken.

*Rezept von Anni Müller,
Karin Stamm*

Rezept Nr. 6 — Kassel

Selleriebowle

„Der Sellerie ist eine erhitzende und reizende Pflanze."

Grimod de la Reynière (1758–1837)

„Ab nach Kassel!" riefen die Aachener anno 1871 Napoleon III. nach, als er in sein Kriegsgefängnis Kassel-Wilhelmshöhe reisen mußte – es wurde zum geflügelten Wort. So manches lobende Wort fanden die Zeitgenossen für die Residenzstadt der Kurfürsten von Hessen-Kassel, deren Schönheit Adolf Freiherr von Knigge um 1776 gerühmt hat: „Alles atmet nur Freude hier. Herrliche Gebäude, Paläste, bezaubernde Gärten, Musik, Malerei, Schauspielkunst. Und Soldaten, die wie Kinder einer schönen Familie aussehen, und deren äußeres Ansehen das Gepräge von Wohlstand, Zucht und Fröhlichkeit hat. Kassel hat wirklich viel aufzuweisen."

Wie jede Gegend, die auf sich hält, haben auch die Kasseler ihre eigene Mundart. Zwar ist sie dem Hessischen, so wie man es aus der Frankfurter Gegend kennt, weitläufig verwandt, für Kasseläner indes unverkennbar eigenständig. Sie hat etwas vom thüringischen Singsang; die rollenden Rs, verschluckten Silben der Franken mischen sich mit dem harten Zungenschlag der Niedersachsen und ergeben das, was die Kasseler als „Fullebriggenschbrohre" bezeichnen. Allerdings ist die Sprache in den Ohren „foiner" Leute etwas gewöhnlich, aber das ist allemal „besseres Geschligger", wie man die Vornehmtuer bezeichnet. Die echten, die einheimischen Stadtbewohner, bezeichnen sich stolz als „Kasseläner", im Gegensatz zu den „Kasselanern", die nur einen Elternteil vorweisen können, der hier geboren ist, und zu den „Kasselern" halt, das sind die Zugezogenen.

Als „Kasseler" wird aber auch das gepökelte Schweinefleisch bezeichnet, das vorzugsweise mit Erbspüree und Sauerkraut serviert wird. Diese derbe Delikatesse stammt aber gar nicht aus Kassel, sondern wurde angeblich zu Zeiten Friedrichs des Großen in Berlin von einem Metzgermeister namens Kassel kreiert.

Zutaten:

½ Sellerieknolle,
Zitronensaft,
Kandiszucker,
Weinbrand,
1 Flasche Rheinwein,
1 Flasche Sekt.

Zubereitung:

Sellerieknolle waschen, putzen und in dünne Streifen schneiden. Zitronensaft darüberträufeln und Sellerie mit fein verstoßenem Kandiszucker in ein Gefäß stellen. Dicht verschließen und einen Tag kühl stellen.
Etwas Weinbrand zugießen und alles noch einmal über Nacht stehenlassen. Wein zugießen, umrühren. Mit Sekt aufgießen und kühl servieren.
Dazu „Kasseler Hoddseln": Entsteinte, in Weißwein gequollene Dörrpflaumen mit geschälten Mandeln füllen, abtrocknen und in geschmolzene Cuvertüre tauchen. Trocknen lassen und mit Kakaopulver bestreuen.

Rezept von Manfred Menzel

Rezept Nr. 7 — Kassel

Hutzelkasseler

*Freß dich sadd un suff dich digg,
awer hal dinn Mull von Bolledigg.*

Der Laune eines Fürsten und der Kunst eines Architekten verdankt Kassel eine Parkanlage, die in der ganzen Welt ihresgleichen sucht. Nach einer Reise nach Italien nahm sich Landgraf Karl 1700 vor, den Osthang des Habichtswaldes in einen riesigen, paradiesischen Park zu verwandeln. Architekt Guerniero verwandelte die fürstlichen Träume in Realität. Auf der Höhe des Berges, in der Hauptachse des Parks, baute er ein achteckiges Hallenschloß mit der 30 Meter hohen Herkulespyramide und wählte den Standort so geschickt, daß die Silhouette zum Wahrzeichen der Residenz wurde. Aus dem 600 Meter über dem Meeresspiegel liegenden Riesenbau entwickelte er dann die 250 Meter langen und zwölf Meter breiten Treppen der Kaskaden, über die das Wasser zu Tal fließt.

Unten in der Aue ließ der kunstsinnige Landgraf das Orangerieschloß errichten und den großartigen Park anlegen, der allerdings später im Stile eines englischen Landschaftsgartens umgestaltet wurde.

Zeugnisse klassischer Kultur sind in den verschiedenen Ausstellungsorten der Staatlichen Kunstsammlungen zu sehen. Zeitgenössisches Kunstschaffen wird in regelmäßigen Abständen im Rahmen der „documenta" gezeigt, dem Schaufenster experimenteller Kunst und Kultur aus aller Welt.

Zutaten:

*Rippenspeer,
Dörrpflaumen,
Semmelbrösel,
Gewürznelken.*

Für die Sauce:

*Pflaumenmus,
Wein,
etwas Wasser,
Zucker,
Piment.*

Zubereitung:

Rippenspeer in kochendes Wasser geben, 60 Minuten kochen lassen, dann garziehen lassen. Fleisch mit dem Schmalz, das sich auf der Brühe abgesetzt hat, bestreichen und dick mit Krumen und Gewürznelken bestreuen. Im Ofen gelbbraun überbacken. Für die Sauce Pflaumenmus mit Wein und Wasser verdünnen, mit Zucker und Piment würzen und aufkochen.

Rezept von W. Lüth

Rezept Nr. 8 — Grebenstein

Worzelworscht

Do kamme getrost durch Deitschland laufen die Wurscht giwwet's nirgends wo anner ze kaufen.

Die Fachwerkhäuser dieser Gegend ähneln so gar nicht denen, die man aus Ober- und Südhessen kennt und als hessisch-fränkisches Fachwerk bezeichnet werden. Hier gibt es das niedersächsische Hallenhaus, ein dreischiffiger Grundriß und eine breite Mitteldiele. Durch ein großes Tor in der Giebelseite des Hauses betritt man das Innere und kam früher auf einen lehmgestampften Tennenboden. Hier war das Vieh untergebracht, die Familie bewohnte und bewirtschaftete die anschließenden Räume. Die Frucht wurde im Speicherobergeschoß gelagert.

Ein typisches Beispiel dieses Haustyps ist das Leck'sche Haus in Grebenstein von 1431, wo das Ackerbürgermuseum untergebracht ist. Ackerbürger sind die Stadtbürger, die ihren Landbesitz in der Stadtgemarkung als nebenberufliche Landwirte bewirtschafteten; in kleinen Städten war dies früher die Mehrzahl der Bürger.

Bekannt unter den Handwerk treibenden Bürgern waren die Metzger mit ihren landestypischen Wurstsorten. Auf der Speisekarte der Hoftafel des Landgrafen Wilhelm (1567-1592) standen schon neben zehn verschiedenen Sülzen auch „Knapwurst, Solicisten, Weißwurst und Rode Wurst".

Unter der Roten Wurst genießt die „ahle Worschd" besondere Wertschätzung. Sie besteht aus reinem Schweinefleisch, das nach Hausmetzgerart schlachtfrisch verarbeitet wird. Sie wird derb-rustikal gepfeffert und in der Regel vier Wochen im Naturverfahren bei mäßiger Temperatur und hoher Luftfeuchtigkeit reifen gelassen. Ungeräucherte „Ahle Worschd", die man auch „Droggene Worschd" nennt, wird in Kranzdärme des Rindes oder in Dünndärme vom Schwein gefüllt, weswegen man sie auch als „Dürre Runde" bezeichnet. „Schdragge Worschd" hingegen nennt man sie, wenn das Füllsel im Mitteldarm des Rindes verfüllt wurde.

In diese Reihe von Speisen, deren Fleischanteil durch Zugabe anderer Dinge gestreckt werden, gehört die Worzelworscht.

Zutaten:

1 kg Karotten,
1 kg Schweinehack,
200 g Fettschwarte,
ca. 30 g Kochsalz,
4 g Pfeffer,
zwei Prisen Nelkenpfeffer.

Zubereitung:

Karotten in wenig Wasser dünsten, im Wolf zerkleinern. Schweinehack unter die abgekühlten Karotten mengen. Fettschwarte kochen, heiß im Wolf zerkleinern und dazugeben.
Salz, Pfeffer und Nelkenpfeffer mischen und unterarbeiten. Masse durch einen Trichter in gewässerte Rinderkranzdärme oder enge Schweinedärme füllen. Wurst braten oder bei 75 Grad garziehen.

Rezept Nr. 9 — Bad Karlshafen

Laubfrösche

Broggen sinn mäh lieber als Brieh.

Dieses Gericht hat nur dem Aussehen nach mit Fröschen zu tun. Zubereitet wurde es von einer traditionsreichen Hugenottenfamilie in Bad Karlshafen. Diese gastliche Stadt an der Einmündung der Diemel in die Weser im äußersten Norden Hessens verdankt ihre Entstehung dem Landgrafen Karl. Er begann 1685, französische Glaubensflüchtlinge in seinem Territorium aufzunehmen. 20 Orte wurden von Hugenotten und Waldensern gegründet. Zweien gaben sie die Namen ihrer Glaubensziele, Gewissensruh und Gottstreu, beides Ortsteile von Oberweser.

Die städtebaulich interessanteste Gründung ist jedoch Karlshafen (seit 1838 Heilbad). 1699 entstand sie als Hafenstadt Sieburg, des von Landgraf Karl geplanten Kanals, der von der Weser über Diemel, Eder, Lahn zum Rhein führen sollte. Damit hätte die hessische Wasserschiffahrt den hannoverschen Zollplatz Münden umgehen können. Das ehrgeizige Projekt blieb jedoch in den Anfängen stecken. Nicht jedoch der Plan des Landgrafen für die Stadt, die ab 1715 „Karlshafen" heißt. Beiderseits eines Hafenbeckens sind die Gebäude spiegelbildlich angeordnet. Die rechtwinkelig geführten Straßen zeigen hugenottisch schlichte Barockhausreihen.

Die Hugenotten brachten ihre eigene Kultur in die Landgrafschaft, wurden aber von der einheimischen Bevölkerung als Eindringlinge angesehen und mit Sensen und Mistgabeln abgewehrt. Die Diasporasituation hat aber dazu beigetragen, daß viele Sitten und Gebräuche lange erhalten werden konnten – zu sehen im Hugenottenmuseum am Hafenplatz 9.

Zutaten:

1 kg Mangold, 1 Zwiebel,
250 g gemischtes Hackfleisch,
1 eingeweichtes Brötchen, 1 Ei,
gehackte Petersilie,
Salz, Pfeffer, Muskatnuß,
50 g flüssige Butter,
$2/8$ l Gemüsebrühe,
20 g Speisestärke,
$1/8$ l saure Sahne.

Zubereitung:

Mangoldblätter waschen und kurz überbrühen.
Hackfleisch mit Brötchen, gehackter Zwiebel, Petersilie, Ei und Gewürzen mischen. Hackfleischbällchen in Mangoldblätter wickeln. Die „Laubfrösche" in eine gefettete Form geben, mit heißer Butter und Gemüsebrühe übergießen und 20–25 Minuten weich dünsten. Dann die Brühe mit saurer Sahne und Speisestärke binden, kurz aufkochen lassen.

Rezept von Christa Gombel und Waltraut Illigmann

Rezept Nr. 10 — Wilhelmsthal

Welscher Hahn

„Mä honn's, mä kunn's."

Von der kurfürstlichen Residenz Wilhelmshöhe sind es 9 km zum Sommersitz Schloß Wilhelmsthal. Das repräsentative Ensemble wird als „wohnlichstes und anheimelndstes der deutschen Rokokoschlösser" angesehen. 20 Jahre hat man daran gebaut und die berühmtesten Kunsthandwerker ihrer Zeit waren mit der Innenausstattung betraut. Die Wände sind im Speisesaal grün mit Goldauflage, im Musensaal zartrosa, im Kabinett zartblau. David Röntgen fertigte Schränke und Schreibtische aus Nußbaumholz, und August der Starke schickte Figuren von Kändler aus seiner Meißner Porzellanmanufaktur.
Der Maler Johann Heinrich Tischbein schuf die „Schönheitsgalerie", eine Portraitsammlung anmutiger Damen, die 14 schönsten, die 1757 der Landgrafenhof aufzuweisen hatte.
In der Zeit, als Napoleon Europa überrannte, machte er seinen Bruder Jérome zum „König von Westfalen". Dieser, erst 23 Jahre jung, residierte in Kassel, mußte sich auf

Befehl des allmächtigen Bruders von seiner bürgerlichen Frau scheiden lassen und wurde mit der hochmütigen Prinzessin Katharina von Württemberg verheiratet. Die ungeliebte Gattin schickte der wegen seiner vielen Hoffeste „König Lustik" genannte neue Landesherr nach Wilhelmsthal, das fortan „Katharinenthal" hieß. Aus dem Rokokoschloß wurde in Ansätzen eine Neuschöpfung des Empire: Jérome ließ einige Zimmer mit Seidentapeten ausschlagen und schwere Empirebetten einrichten.
Ansonsten hat die kurze „Franzosenzeit" wenig hinterlassen, wenn man vielleicht von den Einflüssen auf den Speiseplan der Hoftafel absieht.

Hierzu gehört das Rezept des nach seiner französischen Herkunft benannten „Welschen Hahnes".

Zutaten:
1 Puter (ca. 2,5 kg),
600 g feines Bratwurstbrät,
2 altbackene, eingeweichte Brötchen,
2 Eier,
250 g Maronen (Eßkastanien),
100 g Putenherzen,
100 g Putenleber,
40 g Öl zum Braten,
Salz, Pfeffer, Thymian.

Für die Sauce:
40 g Butter,
20 g Mehl,
100 g Schmand,
Geflügelklein.

Zubereitung:
Puter waschen, trocknen und Brustbein entfernen. Bratwurstbrät, eingeweichte Brötchen, Gewürze mischen, Maronen und kurz angebratene Putenherzen und Putenleber unter die Füllung heben. Puter innen mit Öl ausstreichen und füllen. Öffnung mit Bindfaden zunähen. Zum Schluß mit Salz und Pfeffer würzen und mit Öl bestreichen. 2½ Stunden bei 180 Grad garen und dabei von Zeit zu Zeit mit Öl bestreichen.

Rezept von Rolf Gleichmann

Die Lebenszeit

Ein Kasseler Märchen, erzählt von einem Mann
aus Zweren um 1840, aufgezeichnet von Wilhelm Grimm.

Als Gott die Welt geschaffen hatte und allen Kreaturen ihre Lebenszeit bestimmen wollte, kam der Esel und fragte: „Herr, wie lange soll ich leben?" „30 Jahre", antwortete Gott, „ist dir das recht?" „Ach Herr", erwiderte der Esel, „das ist eine lange Zeit. Bedenke mein mühseliges Dasein: Vom Morgen bis in die Nacht schwere Lasten tragen, Kornsäcke in die Mühle schleppen, mit nichts als mit Schlägen und Fußtritten ermuntert und aufgefrischt zu werden! Erlaß mir einen Teil der langen Zeit!" Da erbarmte sich Gott und schenkte ihm 18 Jahre. Der Esel ging getröstet weg, und der Hund erschien. „Wie lange willst du leben?" sprach Gott zu ihm. „Dem Esel sind 30 Jahre zu viel. Du aber wirst damit zufrieden sein." „Herr", antwortete der Hund, „ist das dein Wille? Bedenke, was ich laufen muß, das halten meine Füße so lang nicht aus; und habe ich erst die Stimme zum Bellen verloren und die Zähne zum Beißen, was bleibt mir übrig, als aus einer Ecke in die andere zu laufen und zu knurren?" Gott sah, daß er recht hatte, und erließ ihm 12 Jahre. Darauf kam der Affe. „Du willst wohl gerne 30 Jahre leben?" sprach der Herr zu ihm.

„Du brauchst nicht zu arbeiten wie der Esel und der Hund und bist immer guter Dinge." „Ach Herr", antwortete er, „das sieht so aus, ist aber anders. Wenn's Hirsenbrei regnet, habe ich keinen Löffel. Ich soll immer lustige Streiche machen, Gesichter schneiden, damit die Leute lachen. Wie oft steckt die Traurigkeit hinter dem Spaß! 30 Jahre halte ich das nicht aus." Gott war gnädig und schenkte ihm 10 Jahre.

Endlich erschien der Mensch, war freudig, gesund und frisch und bat Gott, ihm seine Zeit zu bestimmen. „30 Jahre sollst du leben", sprach der Herr, „ist dir das genug?" „Welch eine kurze Zeit!" rief der Mensch. „Wenn ich mein Haus gebaut habe und das Feuer auf meinem eigenen Herd brennt; wenn ich Bäume gepflanzt habe, die blühen und Früchte tragen, und ich meines Lebens froh zu werden gedenke, so soll ich sterben! O Herr, verlängere meine Zeit!" „Ich will dir die 18 Jahre des Esels zulegen", sagte Gott. „Das ist nicht genug", erwiderte der Mensch. „Du sollst auch die 12 Jahre des Hundes haben." „Immer noch zu wenig." „Wohlan", sagte Gott, „ich will dir noch die 10 Jahre des Affen geben, aber mehr erhältst du nicht." Der Mensch ging fort, war aber nicht zufriedengestellt.

Also lebt der Mensch 77 Jahre. Die ersten 30 sind seine menschlichen Jahre, die gehen schnell dahin; da ist er gesund, heiter, arbeitet mit Lust und freut sich seines Daseins. Hierauf folgen die 18 Jahre des Esels, da wird ihm eine Last nach der anderen aufgelegt: Er muß das Korn tragen, das andere nährt, und Schläge und Tritte sind der Lohn seiner treuen Dienste. Dann kommen die 12 Jahre des Hundes, da liegt er in den Ecken, knurrt und hat keine Zähne mehr zum Beißen. Und wenn diese Zeit vorüber ist, so machen die 10 Jahre des Affen den Beschluß. Da ist der Mensch schwachköpfig und närrisch, treibt alberne Dinge und wird ein Spott der Kinder.

II Delikates aus Kinzigtal und Spessart

Aus den ehemals drei Landkreisen Hanau, Gelnhausen und Schlüchtern und der früheren kreisfreien Stadt Hanau ist 1974 ein Gebilde geworden: der Main-Kinzig-Kreis. Mit 360 000 Einwohnern ist er mittlerweile die größte Gebietskörperschaft in Hessen. In der Goldschmiedestadt Hanau beginnt die Deutsche Märchenstraße, in Flörsbachtal kreuzt die Deutsche Ferienstraße Alpen–Ostsee das Kinzigtal und im äußersten Westen ist in Steinheim der Start der Äppelwoistraße, die über Maintal nach Frankfurt führt. Über 2,5 Millionen Übernachtungen werden in den 27 Städten und Gemeinden gezählt. Viele Gäste davon kuren in den beiden Heilbädern Bad Orb und Bad Soden-Salmünster. Zum Wandern lädt der Naturpark Hessischer Spessart auf rund 400 km Wegen ein. Landschaftsbestimmend hier die ausgedehnten Laubwälder mit der weithin bekannten Spessarteiche.

Zwischen Main, Kinzig und Spessart

„Iß, was du magst,

und leide, was du mußt."

Zweimal muß der Main seine Ost-West-Richtung verlassen: einmal, wenn er das Maindreieck bildet, zum andernmal, um ein ebenmäßig abgestecktes Viereck zu bilden, wenn er den Spessart umfließt. Somit sind schon ganz grob die Begrenzungslinien des mit 1800 Quadratkilometern größten zusammenhängenden deutschen Waldgebirges gezeichnet. Der südliche, größere Teil zählt zu Unterfranken, also zu Bayern. Nach Norden hin, wo das Gebirge an den Vogelsberg und an die Rhön stößt, ist es hessisch. Und davon wollen wir berichten.

Der Reiseschriftsteller Johann Kaspar Riesbeck berichtet 1783 auf seiner Reise von Würzburg nach Frankfurt: „Auf meinem Weg kam ich durch den Spessart, die dickste Waldung, durch die ich noch in Deutschland gekommen bin. In neun Stunden Wegs sah ich nur ein einziges Dorf und ein Jagdhaus." Das trifft auf den inneren Spessart noch heute zu. Dennoch war das Gebiet durch einige Fernstraßen, die sich auf den Kämmen des Gebirges hinzogen, recht gut erschlossen, was für die „Spessarträuber" im ausgehenden 18. Jahrhundert strategische Vorteile brachte.

Im Tal der Kinzig hingegen war das Gebiet schon früh entlang der wichtigen Handelsstraße von Frankfurt nach Leipzig dichter besiedelt. Der Fernverkehr brachte den Städten großen wirtschaftlichen Aufschwung, woraus für Steinau selbst die Bezeichnung „an der Straße" entstand. Gelnhausen, die alte Reichsstadt, war im Mittelalter so besiedelt, daß sie gar Frankfurt an Einwohnerzahl übertraf. Dort, wo das Gebirge an den Vogelsberg und die Rhön heranreicht, nennt man die Gegend „Bergwinkel" mit Schlüchtern als zentralem Ort.

Das früher wirtschaftlich und politisch interessante Gebiet war oft Zankapfel zwischen den weltlichen und den geistlichen Herren. Die Äbte von Fulda, der Kurfürst von Mainz und das Erzstift Würzburg kämpften gegen die Grafen von Hanau um die Vorrechte im Spessart.

Die vielen kleinen Ritterschaften schlugen sich auf die eine oder andere Seite – ganz zu ihrem Vorteil. Die Weltoffenheit der Landschaft brachte im Laufe der Geschichte kritische Geister, Denker und Erfinder hervor. Gesellschaftliches Leben spielte sich in den Badeorten ab: während Wilhelmsbad bei Hanau der Liebhaberei eines Rokokofürsten entstammt, sind die Bäder von Bad Soden-Salmünster und Bad Orb bürgerliche Gründungen des Spätbiedermeiers.

Nicht verschlossener, aber ärmlicher war die Bevölkerung in den Waldgebieten, die mangels ausreichender Landwirtschaft um das tägliche Dasein ringen mußte. All dies schlug sich auf die Eßgewohnheiten nieder: hochherrschaftlich und gutbürgerlich auf der einen, kärglichärmlich auf der anderen Seite. Von all dem versuchen Michaele Scherenberg und Karl-Heinz Stier, die das Kinzigtal und den Spessart mit zwei Eseln abwanderten, Kostproben zu geben.

Rezept Nr. 1   Steinau

Semmete

Halt Maß in Salzen, doch nicht im Schmalzen.

„Und vor mir zwischen zwei Bergen das Wunderland meiner Kinderträume, da sah ich Steinau ...", so schreibt 1820 Ludwig Emil Grimm, der Malerbruder von Jacob und Wilhelm. Hier war der Vater von 1791-1796 als Amtmann angestellt. Und im alten, fachwerkgeschmückten Amtshaus aus dem Jahre 1562 verbrachten die berühmten Märchensammler ihre Kindheit.

Steinau war seinerzeit ein bedeutender Ort, der 1290 von Rudolf von Habsburg die Stadtrechte erhielt. Ihren wirtschaftlichen Aufschwung verdankte die Stadt ihrer hervorgehobenen Lage an „des Reiches Straße", dem wichtigen Handelsweg von Frankfurt nach Leipzig.

Aus der Küche der Grimms sind zahlreiche Rezepte überliefert. Sie zeugen von der hohen Kunst der Hausfrau, mit bescheidenen Mitteln abwechslungsreiche und phantasievolle Kost zu verabreichen, denn das Gehalt des beamteten Familienvaters stand nicht in dem Ver-

hältnis, das die bürgerliche Reputation erforderte!

Prächtiger ging es indessen in der Schloßküche der Grafen von Hanau im 16. Jahrhundert zu. Da ist 1552 Marzipan erwähnt und 1556 gar Pomeranzen, die köstlichen, aber teuren Früchte aus fernen Ländern. 1689 haben die Grafen u.a. Rosinen, Mandeln, Kapern, Morcheln und Zitronen genossen. Auch Weißbrot war etwas Besonderes. 1719 gab es dazu Butter und Wein, aber auch Gänse, Hechte, Forellen und Karpfen. Manchmal mußten auch Krebse gefangen werden, um die gräfliche Tafel zu bereichern.

Geschichten und Histörchen werden lebendig im alten Amtshaus. Reiche kulturhistorische Schätze birgt die Schloßanlage aus der Renaissance. Im Inneren kann man prunkvolle Einrichtungen und das Brüder-Grimm-Museum bewundern.

Zutaten:

4 Pfund Kartoffeln,
1 große Zwiebel,
400 g Griebenfett, $^1/_4$ l Milch,
1 Pfund Birnen (als Kompott),
500 g Dörrzwetschen, Salz.

Zubereitung:

Die gekochten Salzkartoffeln werden zerstampft. Die feingewiegte Zwiebel in Griebenfett glasig dünsten, mit heißer Milch ablöschen und mit den Grieben unter den Kartoffelbrei rühren. Mit Salz abschmecken. Man ißt dazu Birnenschnitze und gekochte Zwetschen, am besten mit den „Griewe-Semmete" auf einem Löffel!

Rezept von K. Oberländer

Rezept Nr. 2 — Flörsbachtal

Krautsuppe

*Wersch net annerschter waaß,
dem schmeckt's Kraut wie 's Flaasch.*

Im Jahre 1826 reiste Wilhelm Hauff durch den Spessart. Das waldreiche Gebirge und die erzählfreudigen Bewohner inspirierten ihn zu der Geschichte vom „Wirtshaus im Spessart". Mit dieser Erzählung und mehr noch mit dem gleichnamigen Film aus den 50er Jahren wurde die Legende von den „Spessart-Räubern" und vom „Räuber-Spessart" weltweit bekannt.

Tatort Spessart: Die Region galt seit dem 30jährigen Krieg als „Räuberland", wie der Vogelsberg und der Odenwald. Die Sicherheit der Landbevölkerung und mehr noch der Reisenden blieb noch bis etwa 1820/30 prekär. Der Wald gewährte Räuber- und Zigeunerbanden gute Versteckmöglichkeiten, und das Geld lag buchstäblich auf der Straße: Auf den wichtigen Fernverbindungen wie der Birkenhainer Straße von Gemünden nach Hanau, dem Eselsweg von Schlüchtern nach Miltenberg oder der Poststraße von Nürnberg nach Frankfurt verkehrten Kauf- und Fuhrleute, Postkutschen und Geldtransporte. Die Räuber waren sogenannte Gauner, Mitglieder des „fahrenden Volkes". Sie machten im 18. Jahrhundert teilweise fünf bis zehn Prozent der gesamten Bevölkerung aus. Es konnten aber auch durchaus honorige Bürger gewesen sein, z. B. verschuldete Bauern, entlassene Soldaten und Invaliden, die keine Versorgung erhielten, oder Deserteure.

Sie betätigten sich als Spielleute und Schausteller, Hausierer, Scherenschleifer oder Geschirrhändler. Ihre Untaten reichten vom einfachen Hühnerdiebstahl über Straßenraub bis hin zu ausgeklügelten Überfällen. Sie ernährten sich von dem, was sie „organisiert" hatten, zum Beispiel, was sie den Bauern von den Feldern stahlen. So ist also die „Krautsuppe" ein typisches Räuberessen.

Heute wird das Räuberunwesen romantisch verklärt. In Flörsbachtal kann man als Tourist auf Bestellung sogar einen „Spessarträuber-Überfall" auf Planwagen für Reisegruppen inszenieren lassen.

Zutaten:

3 Pfund Kartoffeln,
200 g Dörrfleisch, 1 EL Fett,
1 Zwiebel, 1 Stange Lauch,
$1/2$ Sellerie, 2 Möhren,
Sauerkraut nach Geschmack.

Zubereitung:

Einen Löffel Schweineschmalz in einem Topf erhitzen, Dörrfleisch anbraten, gehackte Zwiebel darin dünsten. Die in Scheiben geschnittenen geschälten Kartoffeln, Lauch-, Möhren- und Selleriestücke dazugeben. Mit Salz und Pfeffer würzen. Alles weich dünsten und mit Wasser auffüllen. Wenn Kartoffeln und Gemüse gar sind, alles zerstampfen, gekochtes Sauerkraut dazugeben und die Suppe noch einmal kurz aufkochen. Dazu ißt man den traditionellen Kratzekuchen aus Brotteig und Äpfeln.

Rezept von Erna Glück und Maria Fischer

Äppelsranzen

Wer sa Mehl zu Kuche backt un sa Holz zu Schiefer hackt, der kümmt net weit.

Unweit von Schlüchtern liegt auf einem Basaltkegel Burg Brandenstein. Der Name kommt aus dem Mittelhochdeutschen und heißt soviel wie „steiniger Hügel". Sie verdankt ihre Entstehung dem Streit der gar nicht so frommen Herren des Bistums Würzburg und der Abtei Fulda um die Vorrechte im Kinzigtal. Nutznießer des Streites waren die Grafen von Hanau, die zur Sicherung des Gebietes die Burg errichteten. 1866 kam Graf Ferdinand von Zeppelin, der legendäre Erfinder des Luftschiffes, auf einem Erkundungsritt in die Gegend, und 1909 wurde seine Tochter Hella Burgherrin auf Brandenstein. Die Enkelin Isa von Brandenstein ist Sachwalterin des historischen Erbes. Im ehemaligen Pferdestall hat sie ein beachtenswertes Holzgerätemuseum eingerichtet.

Landfrauen aus Mernes, Wächtersbach, Wallroth und Bad Orb treffen sich oft zu einem Landfrauenfest auf der Burg Brandenstein, um überlieferte Festtagsspeisen zu kochen und zu kosten, z. B. köstlichen Kuchen wie den Schmierkuchen, den Mattekuchen, den Batsch- und den Kratzkuchen und die „Äppelsranzen". Der Kratzkuchen war eine Art Resteverwertung, sein Teig wurde beim Brotbacken zum Schluß aus dem Backtrog gekratzt und zu einem dünnen Fladen ausgewalkt. Natürlich kamen vor dem Verzehr Butter und Zucker darauf. Ähnlich verhält es sich mit den Gebäcken, die zu Weihnachten und Neujahr gebacken wurden, wie die „Bobbereiter" und „Neujährchen" oder die „Krawallchen". Letztere kommen aus Hanau um 1830. Damals machte die Bevölkerung ihrem Unmut gegen die Regierung und den Wucher gewissenloser Geschäftsleute Luft. So zog man z. B. einen Bäcker zur Rechenschaft, bei dem das Brot immer kleiner und die Preise immer teurer wurden. Von da an nannte die Bevölkerung die kleinen, einteiligen Brötchen sarkastisch „Krawallcher".

Zutaten:
Brotteig vom Bäcker, Äpfel, Zucker, Zimt, Rosinen.

Zubereitung:
Brotteig zu Fladen von ca. 30 cm Durchmesser auseinanderdrücken. Auf die eine Hälfte des Teiges reichlich geschälte, kleingeschnittene Äpfel geben, mit Zimt und Zucker würzen, nach Belieben mit Rosinen überstreuen. Nun die andere Teighälfte überschlagen und die Seiten der Apfeltasche gut andrücken. 30 Minuten im Ofen backen. Man kann die „Äppelsranzen" warm und kalt genießen!

Rezept Nr. 4   Bieber

Heidelbeerwein

Bohnebrei, Quellflääsch on Kraut
werd ohne Schnaps niet gut verdaut.

Als die Spessartbauern auf den Feldern noch viel durch Handarbeit erledigen mußten, wurde dem Frühstück eine große Bedeutung beigemessen. Immerhin begann man ja morgens schon gegen sieben Uhr mit der Arbeit. Es gab Kochkäse und Butter, auch Matte und gelegentlich Speck mit Bauernbrot. Dazu schmeckte ein Schnaps besonders gut, die Schnapsbuddel war immer dabei. Sie hatte Striche, und jeder wußte, wieviel er trinken durfte.

Wegen der kargen Erträgnisse des Bodens waren die Spessarter meist auf Zuerwerb angewiesen. So haben sie in den Wintermonaten Körbe geflochten und Besen gebunden. Den Ortsteil Kassel von Biebergemünd nannte man gar „Besenkassel", weil der größte Teil der Bewohner sich vom Besenbinden ernährte.

Eine weitere Verdienstmöglichkeit lieferten die Heidelbeeren, die in den Spessartwäldern zuhauf wachsen. Man verwendet diese Blaubeeren eingemacht als Nachtisch, auch auf Kuchen und verarbeitet sie zu Heidelbeerwein. Als Wein oder roh und unverarbeitet konnte man sie im ambulanten Gewerbe in den Städten gut verkaufen. So kam manch schönes Stück Geld wieder zurück in die Spessartdörfer. Man nennt die Heidelbeeren hier deshalb ehrerbietig „Spessartperlen".

Darum rankt sich eine Sage. So machte sich ein Mütterchen auf den Weg, um der Himmelsmutter in einer abgelegenen Kapelle sein Leid zu klagen und sie um Brot für sich und seine Kinder zu bitten. Plötzlich bewegte sich das Bild der Mutter Gottes auf dem schlichten Altar. Von einem Rosenkranz, der um ihre Hände gelegt war, rollten die Perlen herunter auf den Boden und hinaus vor die Tür. Wunderbarerweise wuchsen aus ihnen schnell kleine Sträucher hervor, an denen schwarze und runde Beerlein hingen. Die Beeren wurden bekannt, und die Bewohner des Spessarts sollen sie fortan Heidelbeeren genannt haben.

Zutaten:

*Ca. 9 kg Heidelbeeren,
3 l Wasser, 2 kg Zucker,
20 g Reinzucht-Hefe.*

Zubereitung:

Die Beeren zu Maische stampfen, über Nacht stehenlassen, auspressen zu ca. 6 l Saft. Zucker warm auflösen, erkalten lassen, mit der Hefe unter den Saft mischen. Ballon bis zu 90 % füllen, 4–6 Wochen gären lassen bei einer Temperatur zwischen 18 und 25 Grad. Nach beendeter Gärung muß der Wein von der Hefe getrennt werden.
Rezept von Maria Mützel

Rezept Nr. 5   Schlüchtern

Speckkartoffeln

*Allzu fetter Herd
selten lange währt.*

Zentrum des Bergwinkels ist die Stadt Schlüchtern, eine Klostersiedlung des 9. Jahrhunderts. Um das Kloster siedelten sich Dienstmänner und Handwerker an. Die Lage der Stadt an der Handelsstraße Frankfurt-Leipzig brachte dem Gewerbe ungeahnten wirtschaftlichen Aufschwung. Es gab viele Vorspänner, die mit ihren Leihpferden Post- und Frachtfuhrwerken die Höhe bei Distelrasens, eine Steigung bei Schlüchtern, überwinden halfen. 1842 hielt der Postmeister 24 Postillone und 96 Pferde, 1864 noch 20 Vorspänner. Die Stadt verfügt über zahlreiche bemerkenswerte Bauwerke. Eines davon ist das Lautersche Schlößchen am Rande der historischen Bebauung. Dort ist heute das Bergwinkelmuseum untergebracht. Es zeigt die Geschichte der Handwerke und Zünfte, eine jüdische Abteilung und erinnert vor allem an den Humanisten Ulrich von Hutten (1488-1523) und den Lyriker Petrus Lotichius Secundus (1528-1560).

Auch vom Leben der heimischen Bevölkerung ist viel zu sehen. So z.B. die Wöchnerinnenschüsseln, mit denen der jungen Mutter das erste stärkende Essen gebracht wurde; oder bei Familienfesten, wenn alle Verwandten und Nachbarn Mehl, Zucker, Rahm, Eier und Butter zum Kuchenbacken herbeitrugen. Manche Hochzeits- und Tauffeiern müssen in früheren Zeiten so sehr ausgeartet sein, daß sich die streng calvinistischen Pfarrer gegen das grassierende „Vollsaufen und Fressen" wandten. Eine Kindbettordnung von 1537 verbot sogar,

den Wöchnerinnen Kuchen zu bringen, der mehr als 10 Eier enthielt!

Zutaten:

1 kg Kartoffeln, 500 g Lauch, 500 g Zwiebeln, 4 Scheiben gepökeltes Schweinefleisch, Pfeffer, Salz, Schmand, $^1/_2$ l Fleischbrühe.

Zubereitung:

Bratentopf fetten. Geschälte Kartoffeln in Scheiben, Lauch und Zwiebeln in Ringe schneiden. Nun in den Bratentopf zunächst die Hälfte Kartoffeln geben, mit Salz und Pfeffer bestreuen. Es folgen die Hälfte Lauch und die Hälfte Zwiebeln. Darauf kommt das Fleisch. Nun noch einmal eine Lage Kartoffeln (salzen und pfeffern!), Lauch und Zwiebeln schichten. Zum Schluß nach Geschmack reichlich Schmand darübergeben und dann mit der Fleischbrühe auffüllen. Die Backofenkartoffeln zwei Stunden bei 250 Grad garen. Man ißt dazu rote Beete und Gurken.

Rezept von Anneliese Gläser und Elisabeth Hartkopp

Rezept Nr. 6 — Wilhelmsbad

Goldene Schnitten

Zuckerbrod, Rosinen, Mandelkern
essen die kleinen Kinder gern.

Wie so viele Bäder des 18. Jahrhunderts verdankt Wilhelmsbad, drei Kilometer nordwestlich von Hanau, seine Entstehung einer fürstlichen Laune. Nach dem Aussterben des Hanauer Grafengeschlechtes hatte hier Erbprinz Wilhelm von Hessen-Kassel Park und Badeanlagen errichten lassen, nachdem 1709 zwei Kräutersammlerinnen dort eine Mineralquelle entdeckten. 1779 wurde die fürstliche Kur- und Badeanlage eröffnet. Vor 100 Jahren versiegte die Quelle, und Wilhelmsbad verfiel in die Bedeutungslosigkeit. Vieles aus der Ursprungszeit ist erhalten geblieben: die fürstlichen Wohngemächer nebst Comoedienhaus und einem originellen feststehenden Karussell. So war also für die Unterhaltung des Hofstaates und der zahlreichen Kinder in den Sommermonaten gesorgt. Folgerichtig hat auch in dem zwischen 1777 und 1782 errichteten Arkadenbau das „Hessische Puppenmuseum" seine Heimstatt gefunden, dessen Bestände Ergebnis der jahrzehntelangen, unermüdlichen Sammeltätigkeit der Museumsleiterin Gertrud Rosemann sind.
Zu den ältesten Objekten gehören Figuren, die einem Kindergrab beigegeben wurden. Antike griechische Glieder- und römische Babypuppen lassen schon die serienmäßige Fertigung erkennen. In der Ausstellung wird die wandelnde Bedeutung der Kindheit im jeweils zeitgenössischen Umfeld veranschaulicht. Puppen und vor allem Puppenhäuser und -stuben mit ihrer Einrichtung vermitteln Einblicke in Bereiche wie Wohnen, Mode, Hauswirtschaft, Einkaufen, Schule.
Sie sind akribisch den Verhältnissen der Erwachsenenwelt nachgebildet. Hier kann man nachvollziehen, wie die Hausfrauen und Köchinnen früherer Zeit gearbeitet und gewirtschaftet haben. Von der Kunst, mehr zu scheinen als zu sein, erfährt man von der Speise, die wir nun vorstellen. In den bürgerlichen Familien nannte man die Speise ganz einfach „armer Ritter", in den herrschaftlichen Häusern wurde daraus poesievoll „Goldene Schnitten".

Zutaten:
$^1/_2$ Milchbrot, Milch, Zucker, 1 Ei, etwas Schmalz.

Zubereitung:
Milchbrot in Scheiben schneiden, in Milch und Sahne, die mit Zucker nach Geschmack versüßt sind, einweichen. Die Brotscheiben in einem Ei umwenden und in heißem Schmalz ausbacken. Beim Anrichten mit Zucker und Zimt bestreuen. Oder man reicht eine Sauce aus mit Wasser und Wein verdünntem Hagebuttenkompott dazu, das mit Zimt und Zucker aufgekocht wurde.

Rezept von Gertrud Rosemann, Puppenmuseum Wilhelmsbad

Rezept Nr. 7 — Maintal

Apfelweinsoße

*Wer Äppel ißt, der sündigt –
wer se trinkt, hat wohlgetan.*

Die „Äppelwoi-Geschworenen", die täglich ihren Schoppen „petzen", wissen es: er ist ein probates Mittel gegen Verkalkung und vorzeitiges Altern, und heiß getrunken ist er gut gegen Erkältung. Ein bedeutender Apfelweinort ist Hochstadt, ein Ortsteil der Großgemeinde Maintal, an der hessischen Apfelweinstraße von Hanau nach Frankfurt. In den dreißiger Jahren gab es noch fünf große und 45 kleine Apfelwein-Keltereien. Die prächtigen Obstwiesen und einige uralte Speierlingsbäume machten die Maintaler bislang gegen auswärtige Einfuhr von Kelterobst „autark".

Der Erzähltradition zufolge wird Karl dem Großen die „Erfindung" des Apfelweines zugeschrieben. Sein Standbild auf der alten Frankfurter Mainbrücke, wo er mit Zepter und Reichsapfel zu sehen war, hat zu dieser Sage verleitet! In Wirklichkeit hat er jedoch den Obstbau auf seinen Gütern und Ländereien gefördert. Bis weit nach dem 30jährigen Krieg stand der Konsum von Wein und Bier bei

der heimischen Bevölkerung an vorderster Stelle. Überall im Rhein-Main-Gebiet gab es Weinberge, deren Neuanlage um 1500 sogar von der Obrigkeit gefördert wurde. Als dann im 18. Jahrhundert durch zahlreiche kalte Winter die Reben erfroren, ging man nach und nach dazu über, die Weingärten aufzugeben und an ihrer Stelle Obstgärten anzulegen. In dieser Zeit ist auch der Apfelwein zum Volksgetränk geworden. Ursprünglich durfte nur zum Eigengebrauch gekeltert werden, was die zahlreichen Hauskeltern erklärlich macht, die noch bis weit in unser Jahrhundert in Betrieb waren. Für den Ausschank mußte Steuer gezahlt werden. Und später war sogar bei Verwendung von auswärtigem Obst eine höhere Abgabe fällig.

Zutaten:

1 l Apfelwein, 4 EL Zucker, 2 Eier, 1/2 Päckchen Vanillepudding.

Zubereitung:

Apfelwein, Zucker, Pudding und Eigelb unter ständigem Rühren zum Kochen bringen. Eiweiß und etwas Zucker zu Schnee schlagen, und als Verzierung auf die erkaltete Soße kleine Schneeklößchen setzen. Dazu gibt es Hefeklöße aus 1 kg Mehl, 125 g Zucker, 100 g Margarine, 1 TL Salz, 1/2 l Milch und 1 Würfel Hefe. Sie werden nach dem Gehen in Salzwasser gegart.

Rezept von Ria Rhon

Rezept Nr. 8 Jossa

Grombirnsgemüs

Grombirn in der Früh, 's Mittag in der Brüh,
's Oawets metsamt de Häut, so gett's ons oarme Leut.

"Land der armen Hansen" nennt der Heimatforscher Karl Kühnert den "Bergwinkel", die Landschaft des nördlichen Spessarts, dort, wo sie auf die Ausläufer von Vogelsberg und Rhön stößt. Die Landleute konnten trotz intensivster Bemühung dem kargen Boden keine reichen Ernten abringen. Entsprechend schmal bemessen war die Kost, die die Hausfrau auf den Tisch der oft kinderreichen Familien brachte.

Mit der Einführung der Kartoffel, die für Gelnhausen bereits 1694 bezeugt ist, war für viele Familien zwar die Gefahr des Verhungerns gemindert, doch Mißernten brachten immer wiederkehrende Notsituationen, die im 19. Jahrhundert zu großen Auswanderungswellen nach Amerika führten.

Noch um die Wende vom 19. zum 20. Jahrhundert begannen die armen Leute des Bergwinkels den Tag mit ein paar gekochten Kartoffeln, die auf der Herdplatte angewärmt wurden. Den Kindern mußte beim Schulbesuch ein Stück trockenes Brot genügen, und leistete sich ausnahmsweise jemand einmal Butter als Brotaufstrich, dann erhielt er den Rat: „Dreh's rum, daß es niemand sieht!"

Gegen 11 Uhr war früher Mittagessenszeit. Wieder standen Kartoffeln auf dem Speiseplan, um den Magen zu füllen. Wochentags wurden sie durch Kraut ergänzt, denn „Kraut füllt den Bauern die Haut". Weitere Beigaben waren Bohnen, Kohlstiele, Meerrettich, gelbe Kohlrüben und Wirsing. Nur sonntags gab es hartgeräuchertes Schweinefleisch, das Dörrfleisch. Eigenartigerweise verschmähten die Landbewohner die Pilze, von denen es in dem waldreichen Gebiet Massen gab. „Schwämm (Pilze), das sein die giftigen Dünste aus der Erde", war eine verbreitete Redensart.

Zutaten:

½ Pfund Dörrfleisch, 3 EL Mehl, 4 Lorbeerblätter, 1 Prise Salz, 1 ganze harte Blutwurst, 6 rohe mittelgroße Kartoffeln, 1 l kaltes Wasser.

Zubereitung:

Fett warm werden lassen, Dörrfleisch klein schneiden und von beiden Seiten anbraten. Mehl zugeben und rühren, bis die Masse hellbraun ist. Dann mit Wasser auffüllen. Lorbeerblätter und Kartoffelscheiben darin aufkochen lassen. Blutwurst in Scheiben schneiden und zugeben. Alles nochmal kurz aufkochen und mit Salz abschmecken.

Rezept von Otto Röll

Rezept Nr. 9 — Gelnhausen

Ochsenlende in Wurzelsud

*Wenn ich der Herrgott wär',
äß' ich dreimal am Tag Milchsupp'.*

Zutaten:

4 Scheiben Ochsenlende
(je 200 g),
4 Markknochen
vom Metzger gesägt,
1 kg gehackte Ochsenknochen,
1 Stange Lauch, 1/4 Sellerie,
2 kleine Karotten, Salz und
feingeschroteter Pfeffer.

Ganz egal, aus welcher Richtung man kommt, die hochaufragenden Türme der Marienkirche sind die markanten Punkte der alten Kaiserstadt Gelnhausen. Hier war schon vor 1000 Jahren der Sitz eines fränkischen Königshofes, und im 12. Jahrhundert errichtete Kaiser Friedrich I. von Hohenstaufen, genannt Barbarossa, eine Pfalz als repräsentative Wohnstätte für die Herrscher des abendländischen Reiches. Stolz nennt sich Gelnhausen – der Werbewirksamkeit bewußt – „Barbarossastadt". Historische Bauwerke erinnern an die bunte Geschichte der noch weitestgehend mittelalterlich geprägten Stadt. Das älteste Gebäude neben der noch in Resten erhaltenen Kaiserpfalz dürfte das „Romanische Haus" am Untermarkt sein.
Bedeutende Männer sind aus dieser Stadt hervorgegangen: 1622 wurde hier Johann Jakob Christoffel von Grimmelshausen, der bedeutendste Schriftsteller seiner Zeit, geboren, 1834 kam Philipp Reis, der Erfinder des Telefons, zur Welt.
Der große Magier Dr. Faust, 1480 im württembergischen Städtchen Knittlingen geboren, soll im Jahre 1507 Gast in Gelnhausen gewesen sein. In dem Haus, in dem er übernachtete, dem Gasthaus „Zum Löwen", ist auch das Gericht von der Ochsenlende im Wurzelsud zubereitet worden. Es erinnert an mittelalterliche Zeiten, als in Gelnhausen zahlreiche Reichs- und Fürstentage abgehalten wurden. Natürlich wurde hier nicht nur die große Politik gemacht, sondern auch nach Herzenslust getafelt und gefeiert mit Spielleuten, Tänzern und Tänzerinnen und Marketenderinnen, die für „Kurtzweyl" sorgten.

Zubereitung:

Knochen in heißem Wasser aufsetzen, aufkochen und abschütten. Neu kalt ansetzen, ca. 2 Stunden kochen und durch ein Passiertuch schütten, Brühe wieder aufsetzen. Grob geschnittenes Wurzelgemüse dazugeben, ca. 1/4 Stunde köcheln lassen. Dann die mit geschrotetem Pfeffer gewürzte Ochsenlende hineingeben und ca. 10 Minuten garen. Markknochen ebenfalls garen. Auf einem Holzbrett je eine Scheibe Ochsenlende und einen Markknochen servieren, mit Salz und Pfeffer bestreuen. Dazu frisch geriebener Meerrettich, Bauernbrot und eine Tasse mit kräftigem Wurzelsud.
*Rezept von Hagen und
Fritz Rühl vom „Löwen"*

Rezept Nr. 10 Bad Orb

Orber Esterhazy

*Iß was gar ist, trink' was klar ist,
sprich, was wahr ist.*

Die kleine Stadt im Zentrum des hessischen Spessarts verdankt einer Salzquelle seine Bedeutung: 1064 schenkte Kaiser Heinrich IV. „Orbaha" dem Erzstift Mainz, und in dieser Schenkungsurkunde ist bereits vom Orber Salz die Rede. Ab 1399 wurde das Salz gewerbsmäßig gewonnen – die wirtschaftliche Grundlage für viele Jahrhunderte. Die Salzgewinnung war aber fest in den Händen der Territorialherren: zunächst Kurmainz, dann ab 1814 Bayern bis 1866, als die Preußen sich des Gebietes bemächtigten. 1945 kam Bad Orb zum Land Hessen. Mit der Salzgewinnung war es da aber längst vorbei. Die Schweden brachten den Ort 1634 in schwere Bedrängnis: Als das billigere Steinsalz gewonnen werden konnte, verlor das Salinensalz immer mehr an Bedeutung. Die Salzgewinnung in Orb wurde 1899 eingestellt. Das letzte von ursprünglich 10 Gradierwerken steht im Kurpark.

Ein anderer Erwerbszweig tat sich aber auf. 1837 eröffnete der Orber Apotheker Franz Leopold Koch das erste Badehaus, 1900 wurden die Kuranlagen, ein Kurhaus und eine neue Badeanstalt errichtet. Seine Bedeutung als Herzheilbad verdankt Bad Orb in erster Linie den Quellen, von denen die Philipps- und Ludwigsquelle eisenhaltige Natrium-Chlorid-Säuerlinge für die Badekur liefern. Zur Trinkkur dient die Martinsquelle.

Das Gericht, das wir hier vorstellen, ist benannt nach den Fürsten von Esterhazy. Und wenn man dem Koch Heßberger, von dem unser Rezept stammt, Glauben schenken möchte, so sollen in den kriegerischen Zeiten des 18. Jahrhunderts ungarische Panduren unter einem Offizier des berühmten Esterhazy-Geschlechtes marodierend durch den Spessart und durch Orb gezogen sein, wobei sie hier am Ort alles Eßbare, das sie nur requirieren konnten, in einen Topf warfen. So gegart, entstand das „Orber Esterhazy".

Zutaten:

*750 g ausgebeinter Schweinenacken,
750 g Rind vom Bug,
Salz, Pfeffer,
gepreßter Knoblauch in Öl,
8 Gemüsezwiebeln,
1/8 l Apfelwein,
1/8 l Fleischbrühe.*

Zubereitung:

In Scheiben geschnittenes Schweinefleisch in einen mit Öl ausgepinselten Römertopf einlegen, mit Salz und Pfeffer würzen, mit Knoblauchöl bestreichen. Darauf eine Schicht in dicke Ringe geschnittene Gemüsezwiebeln legen, ebenfalls mit Salz, Pfeffer und Knoblauchöl würzen. Dann eine Schicht Rindfleisch (in Scheiben) und wieder Zwiebelringe einschichten. Wiederholen, bis der Topf voll ist. Obenauf muß eine ordentliche Portion Zwiebeln liegen – damit das Fleisch schön saftig bleibt! Mit Apfelwein und Brühe angießen und bei 220 Grad 2½ Stunden garen.

Rezept von Rainer Hessberger vom „Rauchfang"

Von Linsen, Grombirn und Reisbrei

Vom Linsengericht

Die Orte des alten Gerichtes Haßlau, nämlich Altenhaßlau, Eidengesäß, Geislitz, Großenhausen und Lützelhausen, führen schon seit Menschengedenken die Bezeichnung „Linsengericht". Da die Geschichte nichts über die Herkunft des Namens berichtet, sucht die Volkserzählung ihn zu deuten. So wird erzählt, daß auf der alten Gerichtsstätte unter der Linde in Altenhaßlau „um keine Linse Wert" vom Rechte abgewichen werden durfte, und daraus sich der Name erkläre. Nach anderen Deutungen aber mußte das Gericht ehemals unter seinen Lieferungen für die kaiserliche Küche in Gelnhausen auch ein bestimmtes Maß Linsen abgeben. Darin mag der Kern der Sage insofern zu suchen sein, als in dem Gebiete des Linsengerichts früher der Anbau der Linsen sehr verbreitet war.

Zufriedenheit

Der Herr Pfarrer geht über Land und sagt leutselig zu einem Spessartbauern: „Na, lieber Jakob, dieses Jahr gibt es aber so viele und gute Kartoffeln, da könnt Ihr dem lieben Gott doch besonders danken und zufrieden sein." – Der Bauer kratzt sich aber hinterm Ohr und meint: „Nä, nä, Härr Parrer, mer sei des Johr gor nit zufridde. Die Grombirn sein all so grouß und gesunn. Was sölle mer denn do de Säu gäwe?"

Ein gefährlicher Reisbrei

Schlierbach. Eine hiesige Landwirthin kochte kürzlich einen Reisbrei, den jedoch ihre zahlreichen Tischgenossen ungenießbar fanden. Um indessen das Gericht zu verwerten, gab man es dem Vieh und am folgenden Morgen waren die damit bedachten Thiere, ein Rind, 8 Hühner und eine Anzahl Gänse, verendet. Der vermeintliche Reis war vergiftetes Getreide, welches der Mann zur Feldmäusevertilgung ohne Vorwissen der Frau gekauft und in der Küche aufbewahrt hatte.
(Zeitungsbericht aus dem Jahre 1914)

III Leckeres aus der Wetterau

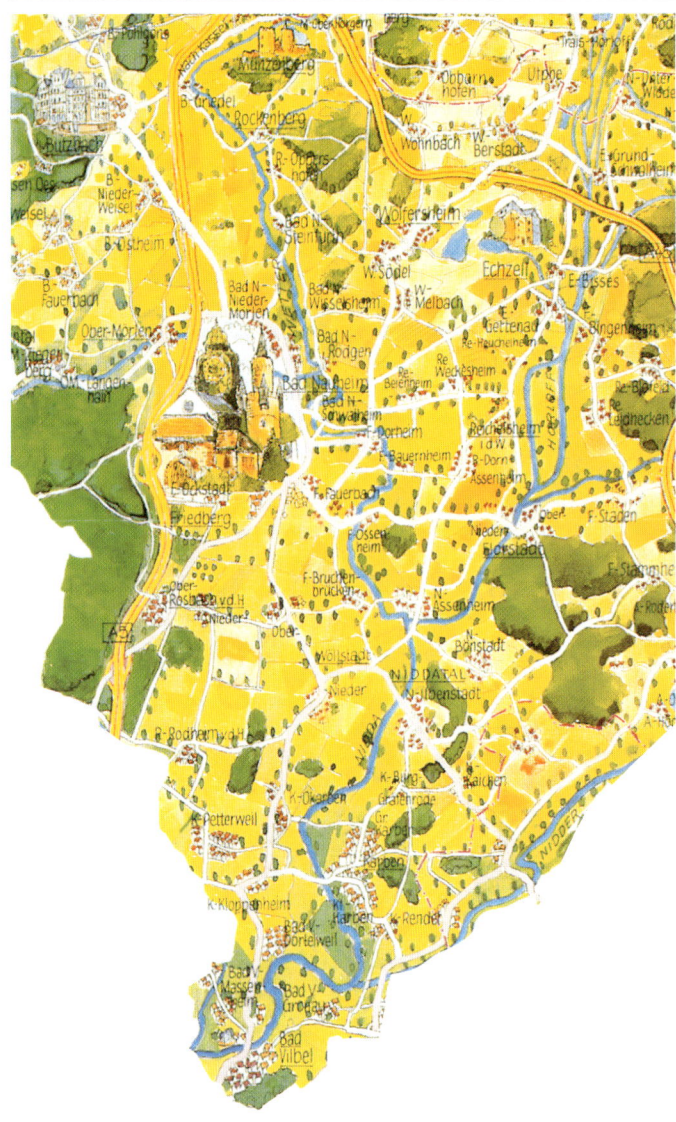

Der Wetteraukreis umfaßt eine Fläche von 1100 qkm. Hier sind in 25 Städten und Gemeinden 262 000 Einwohner zu Hause, im Schnittpunkt der Autobahnen A 5 (Frankfurt–Kassel) und A 45 (Dortmund–Würzburg).

In den beiden Naturparks Hochtaunus und Hoher Vogelsberg laden weite Wälder und stille Wiesentäler zu Wanderungen und naturkundlicher Entdeckung ein.

Für den Fremdenverkehr stehen 7600 Gästebetten zur Verfügung. Durchschnittlich werden 220 000 Besucher mit 1,7 Mill. Übernachtungen registriert.

Allein auf die drei Heilbäder Bad Nauheim, Bad Salzhausen und Bad Vilbel entfallen 80 % aller Übernachtungen.

Die Wearreraa, fu fchih geläbje,
Meat Wiß ean Wahld, meat Doahl ean Hih,
Die Wearreraa meat all ihrm Sähje,
Meat Frücht ean Obst, meat Mensch ean Vieh,
Si eaß m'r fu ohs Herz gewoafe
Wäi uf d'r ganze Welt nix mih.

Land und Leute in der Wetterau

So beginnt der Mundartdichter Peter Geibel (1841-1901) sein Loblied auf die Wetterau „Mein schinfte Gruß d'r Wearreraa". Wie fast alle Heimatdichter preist er vollmundig die Landschaft, die er liebt. Berühmt ist die Gegend wegen ihrer fruchtbaren Böden.

Von der Untermainebene bis zum Gießener Landrücken, vom Taunus im Westen bis zum Vogelsberg im Osten reicht das Gebiet. Der kleine Fluß Wetter hat der Landschaft den Namen gegeben.

Die Wetterau zeichnet sich durch ihre günstige Verkehrslage aus. Vor den Toren Frankfurts gelegen, war sie schon immer ein Land des Durchgangs zwischen Norden und Süden. Dies hat den Städten Aufschwung gegeben, voran die ehemals freie Reichsstadt Friedberg. Butzbach zeichnete sich durch den Gewerbefleiß seiner Bürger aus, und Heilwässer haben zudem die Wetterau weithin bekanntgemacht: das quellenreiche Bad Vilbel und das Herzheilbad Nauheim.

Viele Territorialherren suchten vom Reichtum der Wetterau ihren Nutzen zu ziehen, schmückten das Land mit Burgen und Schlössern. Manche der ehemals angesehenen Familien gibt es nicht mehr, wie die Herren von Münzenberg, von Eppstein, die Frankfurter Patrizierfamilie von Holzhausen, die Grafen von Mörlen. Andere existieren noch und bewahren die Familientradition, so die Familien von Solms-Rödelheim, von Leonhardi und Löw von Steinfurth.

Erasmus Alberus (1500-1553), Freund Luthers und hessischer Reformator, stammt aus der Wetterau und nennt sie „sein Vatterlandt", weil er an diese Landschaft seine schönsten Erinnerungen geknüpft hatte. Wilhelm Butte (1772-1833), ein anderer Sohn der Wetterau, schildert seine Landsleute: „Der Wetterauer ist ein fester und zuverlässiger Mann, wie es schon sein nerviger Körperbau erwarten läßt." Den Wetterauerinnen attestiert er, gute Köchinnen zu sein. Und was sie so alles in dieser Gegend auf den Tisch brachten, haben Michaele Scherenberg und Karl-Heinz Stier von Stadt zu Städtchen abgefahren – mit einem der Landschaft typischen Fahrzeug, einem Güldner-Traktor aus dem Jahre 1940.

Vom kräftigen Bauernbrot, der unverfälschten Hausmacher Wurst bis zum Handkäse reicht die Palette der rustikalen Köstlichkeiten. Wenn geschlachtet wird, dann wird „Metzelsopp" gerührt. Dazu gehören „Gewellflaasch" und Sauerkraut. Am liebsten aber ißt der Wetterauer „Stecker Flaasch als wäi meih Kopp", „Krautfeloat ean Leawerworscht meat gedämpte Äppil", „Buotterbrud ean Schinke, Meretg, Senft ean Zwiwifuhs".

Rezept Nr. 1 — Echzell

Weckklöße

*Do wihst d'r Wahß eann Gehrscht ean Koarn, eann ahch di Nus ohm Heckedoarn,
Eann uff de Äppelbehm d'r Wei(n), fu gout, aß wäi e kimmt vom Rhein*

In der „Goldenen Wetterau" werden Getreide, Kartoffeln, Grünfutterpflanzen, Futter- und Zuckerrüben angebaut. Sie verschafften den Bauern in den Dörfern und den Ackerbürgern in den wehrhaften Städten soliden Wohlstand. Für die vielen kleinen Reichsritter und Territorialherren war die Wetterau „des Heiligen Römischen Reiches Deutscher Nation Kornkammer und Schatzkästlein" Ziel ihrer Macht- und Besitzansprüche. Heute ist die Wetterau längst keine Landschaft mehr, die alleine von der Landwirtschaft geprägt ist. In den landwirtschaftlichen Betrieben hat man sich oft auf Monokultur umgestellt und bedient sich modernster Gerätschaften. Will man erleben, wie die Kornernte in der Wetterau früher ablief, dann muß man die einzelnen Arbeitsabläufe sorgfältig rekonstruieren und nachstellen, wie es die Heimatfreunde in Echzell getan haben. Da wird das Korn mit der Sense geschnitten, mit der Sichel aufgehoben, mit Strohseilen gebunden und zu „Puppen"

auf das Feld zusammengestellt. Eine Vielzahl von Helfern war früher notwendig, für Arbeiten, die heute bequem von einer Zugmaschine und dem Mähdrescher bewältigt werden. Heute ist die Arbeit anonymer geworden, es fehlt die Unterhaltung, das Sichverständigen unter den Erntearbeitern, die gemeinsame Feldpause mit deftigen Speisen und erquickendem Trunk. Bei der Kornernte ließ sich die Bäuerin schließlich nicht lumpen und lieferte das kräftigste und stärkendste Essen, z. B. Weckklöße mit Zwetschenzugabe.
Vieles aus der bäuerlichen Vergangenheit ist im Heimatmuseum von Echzell zu sehen.

Zutaten:
(für ca. 6 Personen)
8–10 altbackene Brötchen,
6 Eier,
Zucker, Milch, Mehl,
Backpulver

Zubereitung:
Brötchen in Würfel schneiden. Aus Eiern, Zucker, Milch, Mehl und Backpulver einen Pfannkuchenteig rühren, der fester ist als normal. Die Brötchen in diesen Teig geben und alles gut vermengen. Die Masse zu einem Kloß formen, diesen fest andrücken und einige Zeit ruhen lassen. Dann eßlöffelweise Teig in kochendes Wasser geben, 5–8 Minuten kochen lassen, und die Weckklöße anschließend in ausgelassenem Speckfett von allen Seiten goldgelb backen. Dazu ausgelassenen Speck und eingemachte Zwetschen. Weckklöße schmecken heiß und kalt!
Rezept von Gudrun Roos

Nußschnaps

Proſt, trink wann de hoſt!

„Die Perle der Wetterau" nennt man Butzbach mit seiner langen geschichtlichen Tradition: schon die Römer bauten die Siedlung zur „Garnisonsstadt" aus. Im Mittelalter lebten hier rund 2000 Seelen. Die frühere Stadtburg der Herren von Falkenstein prägte vor allem Landgraf Philipp von Hessen-Butzbach (1609-1643). Eine Epoche später diente das Schloß als repräsentativer Witwensitz. Nach dem Aussterben der Butzbacher Linie seit 1818 wurde Butzbach als hessische und nach 1945 als amerikanische Kaserne degradiert.

Eindrucksvoll ist der Marktplatz mit dem Rathaus aus dem Jahre 1559. Älter sind die umliegenden Gebäude, z. B. der Marktbrunnen von 1435. Er verfügte über fließendes Wasser für die städtische Wasserversorgung, während die anderen Pump- oder Ziehbrunnen waren.

Die Renaissance brachte einen neuen Geist und Weltoffenheit in das mittelalterliche Gemeinwesen. An kritische Geister späterer Epochen erinnert das „Weidig-Haus", das Rektoratshaus aus dem 18. Jahrhundert. Hier lebte Dr. Friedrich Ludwig Weidig (1791-1837). Der aufrichtige Demokrat, Kämpfer für die bürgerliche Freiheit, war Mitautor der revolutionären Flugschrift „Der Hessische Landbote" (1834). Das Volkswohl lag ihm im besonderen Maße am Herzen. So gründete er 1814 den ersten hessischen Turnplatz. Männer dieses Geistes waren der Regierung in diesem restaurativen Zeitalter suspekt. Georg Büchner, der andere Autor des Landboten, starb in der Verbannung, Friedrich Ludwig Weidig erlag den Verletzungen der Folterungen, die er bei den Verhören über sich ergehen lassen mußte.

In der Gemarkung Butzbachs stehen zahlreiche Walnußbäume, und der Schnaps, aus Walnüssen hergestellt, gehört zu den alten, probaten Hausmitteln, auf die die Butzbacher schwören, besonders als Magenelixier nach dem Genuß eines zu üppigen Mahles.

Zutaten:

Reife, aber nicht ausgewachsene Walnüsse,
90%iger Alkohol,
50%iger Alkohol, Zucker

Zubereitung:

Bei Walnüssen, die am besten Ende Juli geerntet werden, schält man nur leicht die Außenhaut ab, zerkleinert sie in Würfel und stampft sie mit Schale in einem Mörser zu Brei. Diesen in eine Flasche füllen und mit 90%igem Alkohol aufgießen. Bei täglichem Schütteln 8 Wochen lang ans Sonnenlicht stellen. Den Nußextrakt durch ein Tuch filtern. Nun 1 l Extrakt mit $1^1/_2$ l Wasser, $^1/_2$ l Alkohol und 1 kg Zucker im Wasser lösen, mischen und gut umrühren. Die Flaschen mit dem Nußschnaps gut verkorken und mindestens 2 Jahre lagern.

Rezept von Rudolf Schwedes

Rezept Nr. 3 — Florstadt

Handkäse

Die Hesse sin ganz versesse uffs Handkäsfresse!

Unzweifelhaft gehört der Handkäse zu den hessischen Spezialitäten schlechthin, besonders, wenn er „schee dorsch" ist und über die entsprechende „Mussik" verfügt. Man unterscheidet den Hausmacher Handkäse von dem, der für den Verkauf bestimmt ist.

Recht aufwendig war die Herstellung des Handkäses auf die Hausmacher Art. Nur noch in wenigen Familien unterzieht man sich der mühevollen Arbeit. Für 20 Handkäse für den Hausgebrauch benötigte man rund 20 l Milch.

Die Käseherstellung wurde vor hundert Jahren durch den Südhessen Peter Traiser II. wesentlich vereinfacht. Der Groß-Grauer Gastwirt, ein Universalgenie, erfand 1881 die „Handkäs-Maschine", die in der Stunde zwischen 4000 und 10 000 Handkäse produzieren konnte. Der Massenproduktion stand nichts mehr im Wege, und der Handkäse eroberte sich als billiges Frühstück einen weiten Markt. Besonders bei den Arbeitern des schon im 19. Jahrhundert hochindustrialisierten Rhein-Main-Gebietes war der Handkäse sehr beliebt. Auch die Mainzer Fabrikarbeiter aßen ihn gerne, weswegen eine Variante des Handkäses auch „Mainzer Korbkäse" genannt wird, obwohl er doch gar nicht dort hergestellt wurde!

Die Wetterauer und Hüttenberger Bauern nutzten diese Erfindung, und aus kleinen Anfängen entstanden Käsereien, die heute zwischen 50 und 60 Zentner Handkäse täglich herstellen. Wichtig sind natürlich auch die Marinade aus Essig und Öl und die „Mussik", die Zwiebeln. Früher bediente man sich des preiswerten, im Dorf gestampften Leinöls. Den strengen Geschmack milderte man mit gerösteten Brotwürfeln.

Zutaten:
Unbehandelte Milch (Vorzugsmilch), Salz, Kümmel

Zubereitung:
Milch 12 Stunden stehenlassen und mit einem Löffel entrahmen. Dann noch einmal 24 Stunden stehenlassen, in einen leinernen Sack (Mattesack) füllen, Molke herauspressen und die Matte (Quark) im Sack auf einem Sieb mit einem Stein beschweren, damit sie ganz trocken wird. Nach ca. 6 Stunden die Masse mit 6 % Salz und Kümmel nach Geschmack mischen und verkneten. Handkäse formen, auf ein Brett setzen, trocknen lassen. Nun die Handkäse in einem hohen Steinguttopf locker schichten. Zugedeckt reifen sie 3–4 Wochen. Alle 3 Tage herausnehmen, Schimmel mit Molke abwaschen und die Käse in den Topf zurückschichten. Den Handkäse später aufschneiden und darüber Essig und Öl mit kleingeschnittenen Zwiebeln geben.

Rezept von Ewald Bentrup (Kreuzeckhof)

Römerdatteln

Hunger ist die Würze der Speisen
(Cicero)

Das Verwaltungs- und Wirtschaftszentrum der Wetterau ist Friedberg. Die breite Kaiserstraße, die mitten durch Friedberg führt, verdankt ihre großzügige Anlage den mittelalterlichen Messen, die hier abgehalten wurden. Das „weiße Friedberger Tuch" wurde bis Polen und in den Balkan gehandelt.

Von einem Gemeinwesen Friedberg kann man erst 1834 sprechen, als die selbständig nebeneinander existierenden politischen und wirtschaftlichen Gebilde Burg und Stadt zusammengefügt wurden. Zwischen Burg und Stadt herrschte nicht immer freundschaftliches Einvernehmen, denn die Befehlshaber der Burg, einst Stützpunkt staufischer Politik, versuchten auch in die Stadt hineinzuregieren.

Die hervorragende Lage des Burgbergs haben schon die Römer geschätzt und ihren militärischen Planungen untergeordnet. Vieles aus dieser römischen Epoche ist im Wetterau-Museum zu sehen. So auch römische Eß- und Trinkgeschirre, die für die Rekonstruktion eines „Römeressens" wichtig sind. Bei den Römern gab es nämlich feine Unterschiede zwischen den Speisen der Wohlhabenden und denen des einfachen Volkes. Aus antiker Literatur kennt man ja die üppigen Gelage reicher Römer. Die einfachen Bürger, Soldaten und Sklaven, dagegen ernährten sich vorwiegend von Brot und Getreideeintöpfen. Wir können davon ausgehen, daß bei ihnen Fleisch nur selten auf den Tisch kam. Glücklicherweise sind Fragmente eines Kochbuches, das der römische Feinschmecker Apicius verfaßte, erhalten. Dieser lebte zur Zeit des Kaisers Tiberius (14-37 n.Chr.).

Er soll sich umgebracht haben, als er feststellte, nur noch über wenig Geld zu verfügen und dann keine ausgedehnten Gelage mehr veranstalten zu können! Wenn auch keine genaue Zubereitung überliefert ist, so erscheint uns heute die Zusammenstellung von Honig, Essig und Pfeffer ungewöhnlich, und fremd erscheint uns auch „liquamen", ein Salz-Fisch-Extrakt, der als Würze diente. Zu einem guten römischen Menü gehörten vier Vorspeisen, eine Hauptspeise (mensa prima) und eine Nachspeise (mensa secunda).

Zutaten:
Frische Datteln, Mandeln, Pinienkerne, Salz, Pfeffer, Honig

Zubereitung:
Datteln der Länge nach aufschneiden, halbieren, mit Pinienkernen und gestifteten Mandeln füllen, zudrücken. Dann in Salz wälzen (nicht zuviel, sonst sind sie zu scharf!) und in aufgekochtem Honig von allen Seiten braten. Zum Schluß die Datteln noch mit gemahlenem dunklen Pfeffer bestreuen.

Rezept von Marcus Gavius Apicius

Rezept Nr. 5　　　　　　　　　　　　　　　　　　　　　　　　　Reichelsheim

Mäusekuchen
Die fresse wie die Drescher

1665 verlieh Graf Friedrich von Nassau an Reichelsheim die Stadtrechte. Dennoch war und ist der Ort weitestgehend landwirtschaftlich strukturiert, vor allem die sechs Stadtteile. 1843 wurden in Reichelsheim und Dorn-Assenheim 220 Gutsbesitzer gezählt.

Die vielfältigen Arbeiten in der Landwirtschaft bedingten auch eine Vielzahl von Arbeitskräften. Doch die gab es nicht alle vor Ort. Noch bis in die dreißiger Jahre unseres Jahrhunderts kamen Saisonarbeiter aus den armen Waldgebieten des Vogelsbergs, des Hinterlandes und der Rhön als Erntearbeiter in die reiche Wetterau. Man nannte sie einfach „Fulder", die meisten Saisonarbeiter rekrutierten sich aus der Fuldaer Region. Sie wurden von Agenten angeworben oder suchten Gesindemärkte auf, um sich selbst anzubieten. Ein solcher Gesindemarkt war die „Fulderbörse" auf dem „Dalles", der Konstablerwache in Frankfurt a.M. In der „Fulderkist", einem preiswerten Gasthof in Vilbel, bestanden billige Übernachtungsmöglichkeiten für Gesinde aus dem Fuldaer Raum.

Die Wetterau war aber keine Bauerngegend mit unbegrenzter Wohlhabenheit. In der ersten Hälfte des 19. Jahrhunderts brachten Mißernten die Landbewohner in arge Bedrängnis. Schlimmer noch waren die drückenden Steuern und Abgaben. All dies führte zu den Bauernunruhen 1830 in Oberhessen, die im „Blutbad von Södel" endeten und von denen Georg Büchner in seinem „Hessischen Landboten" berichtet. Im Revolutionsjahr 1848 probten die braven Petterweiler den Aufstand gegen den Territorialherren und obsiegten.

Heute geht es in Reichelsheim ruhiger zu. Gelegentlich trifft man sich auf dem Hof eines bäuerlichen Familienbetriebes zur geselligen Runde, zum Plausch, zum Gedankenaustausch. Landfrauen besprechen ihre Rezepte, probieren sie aus. So auch den Mäusekuchen, der meist an Silvester auf den Tisch kommt. Seinen Namen hat er vermutlich durch das Loch bekommen, das sich bildet, wenn man die Wurst heraußißt.

Zutaten
1 Pfund Mehl, 50 g Zucker,
80 g Schweineschmalz,
1 Würfel Hefe, ¼ l Milch,
1 geräucherte Bratwurst
(40 cm lang)

Zubereitung:
Aus Mehl, Zucker, Fett, Hefe und Milch einen Hefeteig kneten, gehen lassen und ca. ½ cm dick ausrollen. Die geräucherte Bratwurst darin einrollen. Den Mäusekuchen auf ein gefettetes Backblech legen, mit dem Küchenmesser einstechen und nochmals gehen lassen. Bei Mittelhitze 45 Minuten backen. Der heiße Kuchen wird mit kaltem Wasser abgepinselt („gefrischt").

Rezept von Elli Schäfer

Rezept Nr. 6 — Münzenberg

Scheibenbroi
Däer esd, als selb er gehenkt wärrn

Mitten in der flachen Mulde der Wetterau hebt sich ein Bergkegel empor, im Mittelalter so recht geeignet für die Errichtung einer festen Burg. Kuno, der Reichskämmerer Friedrich Barbarossas, der insgesamt drei Herrschern diente, legte auf dem Berg, auf dem die Minze wuchs, die mächtige Burg an und nannte sich seit 1165 von Münzenberg. Die zur Ruine gewordene Festung ist das Wahrzeichen der Wetterau und – wegen ihres bemerkenswerten Aussehens – als „Wetterauer Tintenfaß" bezeichnet. Das dörflich strukturierte Straßenbild der alten Ansiedlung Münzenberg unterhalb des Burgberges zeigt Typisches für die Wetterauer Landschaft. Die Wohnhäuser kehren ihre Giebel zur Straße, die Höfe sind von breiten Hoftoren verschlossen und unterteilt in ein großes Hoftor für ehemals hochbeladene Erntewagen und kleinere Türen (Mannpforten) für den Fußgänger. Die prächtigsten Hoftore sind mit schmalen Längsdächern geschützt und zeigen handwerklichen Zierat im geschnitzten Strebewerk.

Unter den Wetterauern bilden die Münzenberger ein eigenes Völkchen. Die weibliche Bevölkerung trug hier früher eine eigene (Sonder-)Tracht mit langen, faltenreichen Röcken und enganliegenden, taillierten Jacken und breiter Schürze. Was von alten Trachtenstücken erhalten geblieben ist, wird von den Landfrauen aufbewahrt. Sie bereiten auch das kräftige Gericht mit Kartoffelscheiben, die „Scheibenbroi" zu, die so ganz zu dem derben, selbstbewußten Menschenschlag paßt.

Zutaten:

(für 6 Personen)
750 g Kartoffeln,
60 g Margarine,
1 dicke Zwiebel, 50 g Mehl,
3/8 l Wasser, 2/8 l Milch,
3 EL Essig, Salz, Pfeffer,
2 Lorbeerblätter,
4 Wacholderbeeren

Zubereitung:

Gekochte Kartoffeln vom Vortag werden in grobe Scheiben geschnitten. Für die „Broi" Margarine heiß werden lassen, die kleingeschnittene Zwiebel darin glasig dünsten. Mehl darüberstäuben, mit Wasser ablöschen, Milch dazugeben. Gewürzt wird mit Essig, Salz, Pfeffer, Lorbeerblättern und Wacholderbeeren. Die Kartoffelscheiben hineingeben und heiß werden lassen.

Rezept von den Landfrauen Münzenberg

Kalbskrone

*Wenn 's Esse soll gedaje,
muß merr e Stunn druff laje*

Zutaten:

(für 10 Personen)
2,5–3 kg Kalbsrücken,
100 g Fett,
je 250 g Lauchzwiebeln,
Karotten, Sellerie, Kohlrabi,
Teltower Rübchen,
Broccoliröschen,
500 g braune Grundsoße

Zubereitung:

Kalbsrückenhälfte bis auf die Rippenknochen auslösen. Diese sauberputzen, bis sie fast schneeweiß sind, und mit Alufolie umwickeln, damit sie später beim Braten nicht verbrennen. Rücken nun rundformen, zusammenbinden (Rippenknochen nach innen), mit Salz und Pfeffer würzen und über eine mit Alufolie umwickelte leere Konservenbüchse in einen Bräter stellen. Bei mittlerer Hitze 20–30 Minuten garen und dabei immer wieder übergießen. Gemüse in gefällige Form schneiden, in wallendem Salzwasser blanchieren und sofort in Eiswasser abschrecken, damit es seine frische Farbe behält. Dann das Gemüse in Butter glacieren, mit Salz, Zucker, Pfeffer und etwas Muskat abschmecken und in die Kalbskrone füllen. Dazu eine Soße aus brauner Grundsoße mit frischem Estragon, Sahne und Butterflocken.

In Bad Nauheim erzählt man gerne von den Großen der Welt, die im über 150 Jahre prosperierenden Staatsbad gekurt haben: 1890 kam der noch junge Franklin Roosevelt zur Linderung seiner Leiden nach Bad Nauheim und Bismarck war da. Zarin Alexandra von Rußland sorgte zusammen mit der österreichischen Kaiserin Elisabeth, „Sissi", und der Kaiserin Auguste Viktoria dafür, daß Bad Nauheim auch „Drei-Kaiserinnen-Bad" genannt wurde. Dies alles ist der Wirksamkeit des „Großen Sprudels" zu verdanken, der in der Nacht vom 21. zum 22. Dezember 1846 „urgewaltig" entstand. Nach vielen erfolglosen Bohrungen an einer bestimmten Stelle fegte an diesem Datum über die Wetterau ein orkanartiger Sturm. Plötzlich schoß unter Donnergrollen ein Wasserstrahl nach oben, 31,25 Grad Celsius heiß und mit einem Solegehalt von drei Prozent. Es war die Geburtsstunde eines florierenden Kurbetriebes.

Die Popularität des mondänen Kurbades - bereits 1850 zählte man tausend Kurgäste - steigerte sich 1853 durch die Eröffnung einer Spielbank. Es folgte ein Bauboom, der letztlich Bad Nauheim zu seinem einmaligen Sprudelhof verhalf: Zwischen 1904 und 1911 entstand in symmetrischer Bauweise die Anlage mit ihren sechs Badehäusern.

*Rezept von Küchenchef
Wolfgang Schmidt, Parkhotel*

Rezept Nr. 8 — Steinfurth

Rosentorte

Schönheit kann die Augen füllen, aber nicht den Hunger stillen

Zutaten:

¾ Pfund Mehl,
3 Eigelb,
5 EL Wasser, 3 EL Rum,
¾ Pfund Butter,
Himbeergelee,
Rosenpaste,
1 l Sahne,
2 Stangen Vanille,
6 Eigelb

Zubereitung:

Aus Mehl, 3 Eigelb, Wasser und Rum Teig kneten, Butter einbringen und 6 große runde Tortenböden backen, die zuvor mit der Gabel gleichmäßig eingestochen werden. Zwischen die Böden Schichten mit je zur Hälfte Rosenpaste und Himbeergelee streichen und darauf die Vanillecreme geben, die unter ständigem Rühren aus Sahne, Vanille und 6 Eigelb gekocht wurde (evtl. mit Kartoffelmehl nachhelfen). Die Rosenpaste stellt man aus frischen Rosenblättern ungespritzter roter Duftrosen her. Sie werden mit dem Mixer zerkleinert und 1:1 mit Zucker vermischt (30 Rosenblüten ergeben ca. 250 g – dazu 200–250 g Zucker). Die Paste läßt sich mehrere Monate im Kühlschrank aufbewahren. Will man sie gleich verwenden, kommt man mit sehr viel weniger Zucker aus. Rosenpaste ist köstlich auch zur Verfeinerung von Quark, Joghurt, Eis, Marmelade, Roter Grütze u. a.

Rezept von
Heinke Freifrau von Löw

Begonnen hat alles in Steinfurth mit Heinrich Schultheiß, der nach Wanderjahren in England 1868 die Rosenzucht in dem Wetteraudorf einführte. Zahlreiche Nachbarn taten es ihm nach, und so ist Steinfurth zur „Hauptstadt der Rosen" geworden. Auch heute noch prägen die zahlreichen Kleinbetriebe die wirtschaftliche Ausgangsbasis der Unternehmung, und fast jeder der 2500 Einwohner hat irgendwie etwas mit der Rosenzucht zu tun. Den Reichtum an Sorten und Farben dokumentiert alle zwei Jahre das Rosenfest. Hier treffen sich Züchter aus aller Welt zum Erfahrungsaustausch. Hunderttausende von Rosen werden für den Rosenkorso von den Feldern geholt.

Mit der Kulturgeschichte der Rose befaßt sich das Museum im ehemaligen Steinfurther Rathaus. Eine eigene Abteilung ist der Symbolik der Rose gewidmet. Natürlich darf auch die Rosenkugel nicht fehlen, ein echtes Kind des Biedermeiers, deren Geschichte ab etwa 1820 faßbar ist. Damals befand sich die erste verspiegelte Glaskugel in einem Gemüsebeet zwischen Kohl und Salat! Durch Zufall hatte man damals festgestellt, daß sie eine verblüffende Wirkung hatte – eine ökologische sozusagen. Sie schützte die Singvögel, die man zur Schädlingsbekämpfung brauchte, vor ihren natürlichen Feinden, dem Hochflugwild. Eine Vogelscheuche also, aber was für eine!

Rezept Nr. 9 — Assenheim

Assemer Supp
Ich geh jetzt haam, mir esse waarm

„Wer zuletzt lebt, erbt die Eisenbahn", sagt ein alter Spruch aus Hessen. Er spiegelt die Bedeutung dieses Verkehrsmittels wider, das in der zweiten Hälfte des 19. Jahrhunderts immer mehr an Bedeutung gewann und den Personen- und Lastenverkehr anstelle der alten Postkutschen und Frachtfuhren übernahm. Die Wetterau hat man schon früh durch die Eisenbahn erschlossen. Die Main-Weser-Bahn wurde immerhin schon 1850 von Frankfurt bis Friedberg geführt und dann weiter nach Butzbach und Gießen. Es folgte 1870 die Linie von Gießen nach Gelnhausen. Dann kam ein Boom an Kleinbahnen, die auch die kleinen Dörfer an die wichtigen Bahnlinien anbanden. Die meisten sind mittlerweile wieder stillgelegt worden. Besonders die Kleinhändler bedienten sich der Bahn für ihre Fahrten in die Städte Frankfurt, Gießen und Hanau. Auch für Getreide, Kartoffeln, Gemüse, Bausteine, Kohle, nutzte man die Bahn. Bei ihrem Bau wurden viele Arbeiter eingesetzt, auch Italiener. Sie verstanden sich besonders auf den Brückenbau. Im Winter mangelte es an Arbeit und Geld. In einem besonders strengen Winter im vorigen Jahrhundert, als die Fremdarbeiter gar zu arg hungern mußten, wurden sie von den Assenheimer Bürgern und der gräflichen Schloßherrin mit einer kräftigen Graupensuppe verköstigt: die „Assemer Supp".

Nicht nur die alte Eisenbahnlinie mit ihrer aus fünf wuchtigen Sockeln und mächtigem Eisengerüst gebauten Brücke erinnert an die Zeit des Eisenbahnbaues, auch das Assenheimer Schloß, ein vornehmheiterer Bau in formedlem Klassizismus, 1789 vom Frankfurter Gg. Friedrich Mack für die Grafen von Solms-Rödelheim-Assenheim gebaut. Der weitläufige Park ist von den Brüdern Siesmeyer angelegt worden, die auch den Frankfurter Palmengarten schufen.

Zutaten:
(für 8 Personen)
150 g Graupen,
800 g Rindfleisch,
Lauch, Karotten, Sellerie,
Kartoffeln, Butter, Salz, Pfeffer

Zubereitung:
Graupen in ca. 2 l Wasser mit einem Stück Butter sämig kochen, öfter umrühren. Gare Graupen kalt abspülen. Fleisch in ca. 2 l Wasser kochen, nach 1½ Std. Kartoffelscheiben und zerkleinertes Wurzelgemüse zugeben und garkochen. Zum Schluß die Graupen unterrühren, mit Salz und Pfeffer würzen.

Rezept von Ria Roth

Rezept Nr. 10 **Bad Vilbel**

Kürbis

*Eass', woas goar eß, trenk', woas kloar eß,
redd, woas woahr eß*

Ein weiteres Heilbad in der Wetterau und beträchtlich älter ist Bad Vilbel. Voll Stolz führen die Vilbeler die Brunnentradition in die Römerzeit zurück. Einen solchen Römerbrunnen gibt es noch heute in der Nähe von Kaichen. In seinem Buch „New Wasserschatz" berichtet 1569 Jacob Th. Tabernoemontanus als „Artzney Doctor" „von dem Fülfeler Sauerbrunnen und von seiner Kraft und Wirkung. Es mag gebraucht werden bei viel Gebrechen und Krankheiten, benemmen die engbrüstigkeit, keychen und kurzen Athem, vertreiben leibwehe und därmgegicht, vertreiben das jucken und beyßen der Haut, stärken die erlahmten Glieder über die maß wol."

Das bekannte Vilbeler Mineralwasser wurde in Ton- und Steinkrügen abgefüllt und von den „Vilbeler Wasserbuben" nach Frankfurt und in die weitere Umgebung getragen und verhausiert. Man benutzte diese Krüge als Mehrweggefäße. Wurden die Steinkrüge in alter Zeit mit dem Holzhammer verkorkt, so kam um die Jahrhundertwende die erste Korkverschlußmaschine auf. Es folgte der Schnappverschluß und letztlich der Schraubverschluß. Vieles davon ist im Brunnenmuseum in der Vilbeler Burg zu sehen. Die Bürger Bad Vilbels hatten unter den jeweiligen Territorialherren nicht immer rosige Zeiten. Ab 1255 war Vilbel sogar zweigeteilt. Der über der Nidda liegende Teil mit dem Schloß war kurmainzisch, das übrige Vilbel hanauisch. Landwirtschaft und Handwerk waren die Grundlage für das bürgerliche Erwerbsleben. Die Vilbeler waren rechte Ackerbürger, die in ihren Hausgärten unter anderem Gemüse auch Kürbisse züchteten als Grundlage für eine wohlschmeckende Beikost.

Zutaten:

1–2 kg schwerer Kürbis,
$^1/_4$ l Weinessig,
$^1/_2$ l trockener Weißwein,
800 g Zucker,
2 Zitronen, 12 Nelken,
1 Stange Ingwer,
1 Stange Zimt

Zubereitung:

Kürbis aufschneiden, schälen, mit einem Löffel das Kerngehäuse auskratzen und den Kürbis in mundgerechte Stücke schneiden. Diese in eine tiefe Schüssel geben (kein Metall!), mit Essig beträufeln und über Nacht ziehen lassen. Am nächsten Tag Wein, Zucker und Gewürze aufkochen und abseihen. Den Kürbis in diesem Sud glasig kochen, in Einmachgläser geben. Dann mit dem Sud bis obenhin die Gläser auffüllen und 20 Minuten bei 80 Grad einkochen.

Rezept von Irene Böckel

Essen und Trinken – gereimt im Wetterauer Dialekt.

*Aus „Humoristische Gedichte"
von Peter Geibel*

Uf d'r Metzilsopp.

Wann meih Verrer Michil schloacht,
Muß ich bei 'm bleiwe,
Woas do all meih Wäsi koacht,
Eas nait se beschreiwe.

Wann di Säu gestoache seih
Wirr emuol getrunke,
Nochet gebts beim Kaffi fei
Weißgeräth zoum Dunke.

Beis Gewellflaasch koacht Wääs Grith
Sauerkraut ean Buhne;
Ean e gourer Appedit
Douth sich do verluhne.

Doach do eas m'r knapp devoh –
Immer naue Gewoale –
Giht d's Dink voh freschem oh –
Rappille di Schoale.

Oweds bei d'r Metzilsopp –
No d'r Desch der baikt sich –
Stecker Flaasch als wäi meih Kopp ...
Ach des Herz, doas fraikt sich.

Krautseloat ean Leawerworscht
Meat gedämpte Äppil,
Schnaps ean Bäijer für de Dorscht,
Kouche, Wäck ean Kräppil.

Schwoartemoache – delikoat
Alles eas geruohre.
Knowlochsworscht genunk ean soat,
Sauerbreuh ean Bruore.

Dorrobst gebts meat Hirschebrei –
Wäsi machts gelinder! –
Salveloatworscht kimmt debei
Ean e ganzer Günther.

Schwoarze Peaffer, sauer Muhs,
Buotterbrud ean Schinke,
Meretg, Senft ean Zwiwilsuhs –
Ean genunk zoum Trinke.

Karmenoade, Fealseloat
Heweklihst ean Schneatze ...
Wihr m'r nur su bahl näit soat
Deht m'r näit su schweatze. –

Speck-ean-Aijer fresch vom Heerd –
Wäsi, Wäsi soachte! –
Alles woas d's Herz begehrt,
Gebts oh do beim Schloachte.

Stell gemuffilt, kah Geräusch,
Dann do douths gedeihe. –
Eas m'r nochet ungeneusch,
Solls ahm Goatt verzeihje.

IV Knackiges aus der Rhön

Die Rhön, ein Mittelgebirge mit urwüchsigen Basaltkuppen, wird auch „das Land der offenen Fernen" genannt. Man nennt die Rhön so, weil sie kein geschlossenes Waldgebiet ist und sich von anderen Mittelgebirgen durch ihre landschaftliche Vielfältigkeit unterscheidet. Das kommt nicht nur im Formenreichtum (langgestreckte Höhenzüge, flachwellige Hochebenen und viele Kuppen) zum Ausdruck, sondern mehr noch im parkartigen Charakter, der vom steten Wechsel zwischen Feldern, Wiesen, Hecken und Wäldern bestimmt wird. Dadurch besitzt die Rhön einen hohen Erholungswert, den das vorherrschende Reizklima noch verstärkt. Die höchsten Erhebungen sind die Wasserkuppe, der Berg der Flieger, und die Milseburg. Der Rhön vorgelagert ist Fulda, eine Stadt mit alter Geschichte. Bereits 744 ließ Bonifatius das Kloster Fulda als benediktinisches Musterkloster gründen. Eine besondere Blütezeit hatte Fulda im 18. Jahrhundert. In dieser Epoche ließen die kunstsinnigen Fürstäbte die barocken Gebäude errichten, die in Fulda ein geschlossenes Barockviertel bilden. Besonders sehenswert in Fulda sind: Dom mit dem Grab des hl. Bonifatius, das Stadtschloß als Residenz der Fürstäbte, die romanische Michaelskirche und die malerische Altstadt.

Fulda und Rhön zusammen zählen rund 1,5 Millionen Übernachtungen im Jahr. Diese Zahl wird sich gewiß noch steigern, nachdem diese Region nach dem Wegfall der Mauer wieder zu einer wichtigen gesamtdeutschen geographischen Zentrale geworden ist.

Dreiländereck Rhön

Viele bedeutende Persönlichkeiten erinnerten sich gern der Rhön: Alexander von Humboldt z. B. bezeichnete die Milseburg als den schönsten Berg. Und Bert Brecht erinnerte sich in seinem amerikanischen Exil wehmutsvoll an die „fichtenbestandene Rhön".

Sehr unterschiedlich war auch die geschichtliche Entwicklung. Im frühen Mittelalter gehörte die Rhön zum Grabfeldgau, dann zum Buchengau, „Buchonia" genannt. Das Christentum gelangte von zwei Ausgangspunkten in die Rhön: In Fulda gründete Sturmius auf Wunsch von Bonifatius ein Kloster, dessen Mönche nach der Regel des hl. Benedikt lebten. Von Würzburg aus zog Kilian mit seinen irischen und englischen Weggenossen in die Rhön. Später teilten sich kirchliche und weltliche Herren das Land: das Hochstift Fulda, das Fürstbistum Würzburg und die Grafschaft Henneberg.

Zu Beginn des 19. Jahrhunderts wurden nach den napoleonischen Wirren auf dem Wiener Kongreß die geistlichen Besitzungen von Fulda und Würzburg aufgelöst und kamen an das Königreich Bayern und an das Kurfürstentum Hessen sowie an das Herzogtum Sachsen-Weimar-Eisenach. Diese alten Grenzen wirken noch heute in den drei Bundesländern fort, die sich das Gebiet der Rhön teilen.

Die karge Rhön, einst das Armenhaus Deutschlands, ist zum beliebten Fremdenverkehrsgebiet geworden: Der Naturfreund entdeckt seltene Pflanzen und Tierarten, der Wanderer abwechslungsreiche Wanderwege mit einem Netz von Schutzhütten, der Liebhaber von Volkskunst und Brauchtum wird sich an den malerischen Dörfchen und Städtchen erfreuen, die Zeugnisse der Volksfrömmigkeit, die Bildstöcke und Kapellen bewundern, der Kunstgeschichtler sich an barocker Baukunst und seltenem Kunstgewerbe erfreuen. Alle zusammen genießen die Rhöner Küche, die in den gastlichen Stätten für jeden Geldbeutel Landesübliches zu liefern versteht.

Michaele Scherenberg und Karl-Heinz Stier haben Fulda und die Rhön mit einem Fuldamobil abgefahren, einem Auto, das in den 50er Jahren in der Bischofsstadt in einer Stückzahl von 1500 hergestellt wurde.

Rhönforelle

Wer net will,
der huott schon geasse!

„Die Menschen in den Rhöngegenden sind ziemlich gutartige Geschöpfe; wer mit der gewöhnlichen Hausehre mit Brot, Branntwein und gutem Willen Vorlieb nimmt, ist ihnen in ihren Hütten willkommener Gast." So wird im Jahre 1796 über die Rhöner Küche berichtet. Und zu ihr gehört die Rhönforelle, denn die Landschaft der Rhön ist wasserreich. Es sind aber nicht die großen Flüsse, die die Landschaft prägen, sondern die vielen Bäche, die den bekannten Strömen zufließen. So gehören die Bäche und Flüßchen, die am Südhang der Wasserkuppe entspringen und die Fulda speisen, dem Einzugsbereich der Weser an. Im Osten bringt die vom Nordhang des Heidelsteines herabeilende Ulster den Zufluß zur Werra.

Besonders die Ulster war ehemals ein fischbares Gewässer, und die Rhönforelle wird mit ihm in Verbindung gebracht. Sie wurde meist als Forelle blau auf den Tischen der Wohlhabenden gereicht. Die „wild gefischten" wanderten in die Kochtöpfe meist der ärmeren Bevölkerungsschichten. Wie populär schon vor Jahrhunderten die Forelle gewesen sein muß, bezeugt die Tatsache, daß sie als Wappentier der Herren von der Tann diente. Auch auf manchen altersschwachen Grenzsteinen im versteckten Waldinneren und im Buschwerk der Feldraine ist die Forelle abgebildet – überall dort, wo sie sich der Flurbereinigung und neuen Grenzfestsetzungen entziehen konnte.

Die Forellen wurden früher weit weg gehandelt. Man transportierte sie auf Pferdefuhrwerken, auf denen große Wasserfässer montiert waren. Auf den schlechten Straßen und Wegen schaukelten die Gefährte mächtig, und so war das Wasser ständig in Bewegung versetzt!

Zutaten:

Pro Person eine frischgeschlachtete 300-g-Forelle

Für den Sud:
Wasser,
Lauch, Sellerie, Möhren,
Zwiebel, Wacholderbeeren,
Lorbeerblatt, Nelke, Estragon,
Pimpernelle, Boretsch, Salz

Zubereitung:

Forelle unter fließendem Wasser innen und außen waschen, innen einsalzen. Mit heißem Essigwasser übergießen, damit sie blau wird. In dem würzigen Sud (man rechnet für 4 Forellen $1/2$ l) 20 Minuten gar ziehen lassen – nicht kochen!
Rhönforelle mit ausgelassener Butter beträufeln.

Rezept: Rosemarie Dänner

Rezept Nr. 2　　　　　　　　　　　　　　　　　　　　Simmershausen

Hollerploatz

Wer eam Sommer näit moag schneire,
muß eam Wiänter Hunger leire

Viele der alten Dorfbackhäuser in den Rhön sind heute noch in Betrieb. Die Landfrauen wissen, daß das selbst ausgehobene Sauerteigbrot wesentlich besser schmeckt als das „Bäckerbrot". Das Dorfbackhaus war früher Gemeinschaftsbesitz. Manche Dörfer hatten mehrere Backhausgemeinschaften, die sich die Arbeit im Dorfbackhaus teilten. Die Reihenfolge des Backens wurde allsonntäglich vom „Backscholtes" für die folgende Woche festgelegt. Auf einer Rückentrage, dem „Broträft", brachte man den Teig in Backschüsseln, die aus Stroh geflochten waren, in das Backhaus. Beim „Einschießen" in den Ofen werden noch heute mit dem Finger auf dem ersten Laib drei Löcher eingedrückt. Dies ist der „Brothüter", der als letzter Laib angeschnitten wird. Außer dem Brot werden im Dorfbackhaus besondere Leckerbissen gebacken, die „Ploatz". Das sind mit Rahm und Obstschnitten oder mit Zwiebeln und Speck belegte Brettkuchen aus Brotteig. Stets dürfen die Nachbarinnen von sich aus Kuchen und „Ploatz" zum Mitbacken in das Dorfbackhaus bringen, weil man sie am Vorabend eigens „backgeheiße", d. h. dazu aufgefordert und eingeladen hat. Es geschieht in der wortkargen Form: „Mei backe moen!"

Zur Herbstzeit wird der „Hollerbloatz" gebacken. Es sind die Früchte des Holunders, der sich auf den kärgsten Böden behauptet und als Belag so herrlich herb-süß schmeckt.

Rezept: Margarete Herrmann und andere Landfrauen aus Simmershausen

Zutaten:

500 g gekochte Kartoffeln,
250 g Mehl,
1 kg Holunderbeeren,
500 g Quark,
2 TL Mehl,
2 Eier,
200 g Schmand

Zubereitung:

Aus geriebenen Kartoffeln und Mehl einen Teig kneten und auf einem Kuchenblech ausrollen. Mit reifen Holunderbeeren dick bestreuen und ein paar entsteinte Zwetschen in Hälften verteilen. Quark, 1 TL Mehl, 1 Ei und Salz nach Geschmack verrühren und auf den Ploatz streichen. Zum Schluß auf dem Belag noch eßlöffelweise eine Masse aus Schmand, 1 Ei und 2 EL Mehl verteilen und im Backofen backen.

Wenn der Kuchen heiß aus dem Ofen kommt, noch 200 g Zucker darauf verteilen.

Dutsch

*Ich ging emol in die Stub,
doa soaß d'r oll Jupp on oaß die ganz Adäappelsopp (Erdäpfelsuppe)*

Der nördliche Teil der Rhön wird durch das Besitztum der Herren von der Tann markiert. Das Städtchen Tann betritt man durch das von zwei Rundtürmen flankierte Stadttor aus dem Jahre 1557. Man gelangt gleich zum Marktplatz mit dem Stadtbrunnen von 1710 und steht verwundert vor dem „Elf-Apostel-Haus", das um 1500 entstanden ist.

Neben der Schloßanlage befindet sich das „Rhöner Museumsdorf", ein Paradebeispiel für ein Freilichtmuseum. Hier werden bäuerliche Lebensformen und die einst in der Rhön verbreiteten Hofanlagen für die Nachwelt erhalten. Dominierend ist der für die Rhön seltener nachzuweisende „Dreiseithof", der von wohlhabenderen Bauern bewohnt und bewirtschaftet wurde. Das Wohnhaus dieser Anlage wurde 1809 in Dieterhan bei Fulda errichtet und 1976 in das Museumsdorf versetzt. Bemerkenswert ist das separate „Auszugshaus" für die Altbauersleute. Daneben gibt es noch den „Zweiseithof" mit spärlicher Einrichtung. Dennoch fehlen die für die Rhön so typischen Möbel wie der kastenförmige „Rhöntisch" und die kerbschnittverzierte Mehltruhe nicht. Dritter und kleinster Rhöner Gehöfttyp ist der „Hüttnerhof". Wohnteil, Scheune und Stall befinden sich unter einem Dach. Der Bauer, der auf der Grundlage von 5 bis 6 ha Land nur eine geringe Lebensgrundlage schaffen konnte, mußte sich durch ein dörfliches Handwerk einen Zuerwerb verschaffen. Im Museumsdorf fehlt das dörfliche Backhaus ebensowenig wie Bienenhaus und Schweineställe.

Rezept: Elfriede Kalb vom „Lämmchen"

Zutaten:

5 kg rohe Kartoffeln,
1 kg gekochte Kartoffeln,
ca. eine halbe Handvoll Salz,
750 g Lakefleisch (eingelegter Schweinebauch in Salzlake),
2 große Zwiebeln,
¼ l Sahne, 80 g Butter,
½ l Dickmilch

Zubereitung:

Rohe Kartoffeln schälen, reiben und ausdrücken. Mit geriebenen gekochten Kartoffeln, Dickmilch und Salz zu einem Teig kneten. Fleisch und Zwiebeln durch den Wolf drehen. Auf ein Blech schichten: Teig, Fleisch, Teig. Obenauf Sahneklecks und Butterflöckchen. 45 Minuten bei 250 Grad backen. Dazu Lauchsoße: Lauch schneiden, in Fleischbrühe kochen, mit Mehl andicken. Formt man den Kartoffelteig zu Klößen, die mit dem Fleisch gefüllt sind, und schichtet man sie in einen Bräter, heißt das Gericht: „Nasdehödes".

… Rezept Nr. 4 — Hilders

Flurgönter

**Mei hon gehoet, eu hätt geschloacht –
hoat 'r au e Woescht für ons gemacht?**

(Heischevers beim Schlachten)

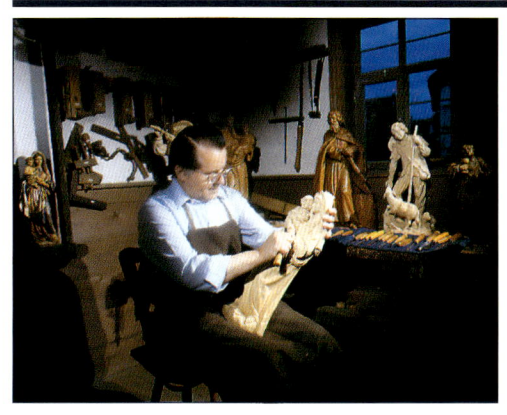

Schlachtfest in der Rhön ist noch heute ein herausragendes Ereignis. Zu den Köstlichkeiten, die die Metzger bei den Hausschlachtungen bereiten, gehört der Schwartenmagen, der „Gönter". Er wurde gerne zu besonderen Festlichkeiten verzehrt. Zu den hohen Festen in den katholischen Landesteilen der Rhön zählen die Termine der Flurumgänge und Wallfahrten. Schon am Markustag, dem 25. April, findet ein Bittgang durch die Feldflur statt.

Die Wallfahrten in weiter gelegene Gnadenorte waren im 18. und 19. Jahrhundert besonders beliebt, ermöglichten sie es doch den abgeschieden lebenden Rhönbewohnern, einmal für kürzere oder längere Zeit auf „Reisen" zu gehen. Besonders beliebt war die Wallfahrt zum Kreuzberg in der bayerischen Rhön, wo die Klosterbrüder seit nunmehr 300 Jahren ein ganz vorzügliches würziges Bier brauen, das nicht nur die frommen Pilger erfreute. Am langgestreckten Dammerfeld liegt Maria Ehrenberg, ein weiterer Ort der Marienverehrung. An Maria Himmelfahrt drängt sich eine unüberschaubare Zahl von Gläubigen auf der unendlich scheinenden Treppe, die zur Kirche hinführt.

Zahlreich sind in den Fluren der Rhön auch die Bildstöcke und Flurkreuze, die fromme Bauern gestiftet und dörfliche Handwerker in Stein gehauen haben. Hölzerne Kruzifixe werden noch heute von den Rhönschnitzern hergestellt. Einer davon ist Hartwig Eichel in Tann.

Die Schnitzerei in der Rhön wird schon 1730 in Dalherda erwähnt. Man beschäftigte sich aber vornehmlich mit Gebrauchsgegenständen, wie hölzernen Löffeln, Holzschuhen, Rechen, Sensenstielen, Wäscheklammern und anderem. Da die Rhönschnitzer aber eine besondere Kunstfertigkeit erzielten und spezielle Schulen gründeten, die Muster und Techniken vermittelten, wurden bald anspruchsvollere Arbeiten ausgeführt, z. B. als Andenkenwaren in den Badeorten vertrieben wurden.

Zutaten:

250 g Mehl, 2 Eier, etwas Salz, 1 geräucherter Schwartenmagen

Zubereitung:

Aus Mehl, Eiern und Salz einen Nudelteig kneten. Teig dünn ausrollen und auf einem sauberen Tuch trocknen. Teigplatten zusammenrollen, bevor sie ganz trocken sind, und in schmale Nudelstreifen schneiden. Nudeln in viel Salzwasser kochen, auf ein Sieb schütten und mit kaltem Wasser abschrecken.

Schwartenmagen („Gönder") in dicken Scheiben dazugeben oder Nudeln und „Gönder" in eine kräftige Brühe aus Fleisch- und Markknochen geben. Statt eines Schwartenmagens kann man in die Brühe auch die große Bauernwurst geben, die mit einer Nadel angestochen wurde.

Rezept: Maria Goldbach

Rezept Nr. 5 — Wendershausen

Warmes Bier

*Voanne geriehrt,
brennt hiänne net oh*

„Die Rhöner haben noch viel Altdeutsches", stellt der Reiseschriftsteller Karl Julius Weber 1826 fest. „Sie sind groß und stark mit gelbem Haar und blauen Augen. Der Weiber größte Zier sind lange Zöpfe, schwarze Leibchen, schwarze oder grüne kurze Röcke, rote Strümpfe und blaue Schürzen. Bei der Verheiratung schneiden sie ihre Zöpfe ab und suchen sie zu verwerten ..."

Die Kleidung der Rhönbevölkerung wandelte sich natürlich mit der Zeitmode: Die Röcke der Frauen wurden im 19. Jahrhundert länger, schwer und faltenreich. Derbe Holzschuhe gehörten zum werktäglichen Straßenbild, während sie sonn- und feiertags mit stramingestickten Schuhen vertauscht wurden. Im Haus haben sich noch lange die bequemen „Söcke" gehalten, bequeme Strumpfschuhe als Hausschuhersatz. Im Sommer ging man früher aber durchweg barfuß, weil kein Geld für Schuhwerk vorhanden war.

Die Männer trugen noch lange die altväterlichen Kniebundhosen mit Gamaschen, bei den Frauen war die Kopfbedeckung bezeichnend. Unterschieden nach der Konfession zeigten sich da die „Schnierheit", der Kopfputz für die jüngeren Mädchen, das „Kommodchen" für die verheiratete Frau und das Kopftuch für ältere Frauen. Das gestrickte Halstuch mit bunten aufgestickten Mustern war wohl das leuchtendste Stück in der sonst zurückhaltenden Kleidung.

Zutaten
1 Liter helles Bier,
$^1/_2$ l Milch,
100 g Zucker,
3–4 Eier

Zubereitung:
Eigelb mit Zucker, etwas heißer Milch und heißem Bier verquirlen. Mit einem Schneebesen unter die erhitzte restliche Milch schlagen. Erhitztes Bier zur Eiermilch geben. Zum Schluß geschlagenen Eischnee unterheben. Heiß trinken!

Dazu schmecken einfache Rhöner Bratäpfel, die man aushöhlt, mit Kandiszucker und Butter füllt und 35 Minuten im Ofen gart.

*Rezept: Rotraud Limpert,
Wendershausen*

Rezept Nr. 6 — Abtsroda

Holundergelee

Trenk ean äß,
Gott net vergeß

Als „Berg der Flieger" gilt die Wasserkuppe, der höchste Berg Hessens. Nachdem Otto Lilienthal 1891 seine ersten Flugversuche unternommen hatte, kamen 1911 Darmstädter Studenten mit einem ungefügen Doppeldecker auf die entlegene Wasserkuppe und entdeckten diese als ideales Gelände für das motorlose Fliegen. Es waren zunächst nur kurze Luftsprünge und man brachte dem Unternehmen nur müdes Lächeln entgegen. Wenige Jahre später gab es unter Leitung von Oskar Ursinius den ersten Wettbewerb. Seitdem hat der Segelflug einen ungeahnten Aufschwung genommen und wesentliche Voraussetzungen auch für die Entwicklung des Motorfluges geschaffen.

Die Rhöner sind naturgemäß stolz darauf, daß die Wasserkuppe die Geburtsstätte des Segelfluges ist, und sie haben diesem Sport und seinen Pionieren ein eigenes Museum gewidmet. Auf 1400 qm Ausstellungsfläche werden folgende Themen des Segelfluges behandelt: physikalische Grundlagen des Fluges, Entwicklung der Technik und Technologie, Flugsport (Rhönwettbewerb).

Ein Fliegerdenkmal als Ehren- und Erinnerungszeichen ragt am Nordhang der Wasserkuppe empor: Auf zusammengetürmten Basaltfelsen erhebt sich der Sockel, den der Adler umkrallt – eine Schöpfung des Tierbildhauers Gaul.

Rezept: Agnes Diel, Hettenpaulshof

Zutaten:

700 g Saft aus reifen Holunderbeeren,
300 g Apfelsaft,
1 kg Zucker

Zubereitung:

Saft mischen und mit Zucker aufkochen, bis er dick wird. In Gläser füllen und mit Papier verschließen. Nimmt man Gelierzucker, kann man den Holundergelee weniger süß machen.

Kraut und Erbsbrei

Hût eß Kermes, moen eß Kermes, on die ganze Woche, on bann me kåi Schuh me hon, doa danze me of de Knoche

Die Landwirtschaft brachte auf den kargen Böden der Rhön nur wenig Gewinn. Der Ackerbau diente vornehmlich der Beschaffung des Eigenbedarfs an Nahrungsmitteln. So waren im 18. und 19. Jahrhundert viele Bewohner gezwungen, ihr Geld auswärts zu verdienen. In Scharen zogen die Rhöner in die fruchtbaren Gegenden der Wetterau und ins Rhein-Main-Gebiet, um sich als Erntearbeiter zu verdingen. Andere wiederum suchten ihr Glück in Amerika oder verpflichteten sich als Soldaten in fremden Heeren.

Dennoch verstanden es die Rhöner, sich durch Feste und Feiern das Leben einigermaßen erträglich und abwechslungsreich zu gestalten. Die Kirmes nahm eine bevorzugte Stelle ein. „Eh's Kermes wöed, schient au nochemol die Sonn, on d'r Kermeskuche eß noch olle Joahr gebacke worn!" ruft man dem ungeduldigen Zeitgenossen zu, der das Fest nicht abwarten kann. Der „Kermeskuche" wurde in Quadratmetern gebacken, denn „Kermes on kåi Kuche, boas wäern die Jonge fluche!"

Das Kirmesvergnügen spielte sich aber vornehmlich in den Tanzsälen ab. Die alten Tänze, wie Rheinländer, Schottisch und der Galopp, der auch „d'r Hortig" (Hurtig) genannt wurde oder „d'r Hopser", werden nur noch von den Trachten- und Volkstanzgruppen bei ihren folkloristischen Veranstaltungen getanzt.

Die Rhöner Kirmesmusikanten waren bekannt und beliebt. Viele dieser Musikgruppen waren auch außerhalb der Rhön tätig, und zwar als Kurorchester in den nahen Bädern von Bad Brückenau und Bad Orb.

Zutaten:

1 kg geräucherter Schweinebauch,
800 g Sauerkraut,
etwas Lauch,
ein paar Wacholderbeeren,
500 g Erbsen,
500 g Kartoffeln,
1 TL Salz

Zubereitung:

Erbsen über Nacht in kaltem Wasser einweichen, am nächsten Morgen 3 Stunden kochen. Die Kartoffeln 20 Minuten mitkochen, dann alles durch ein Sieb streichen oder mit dem Mixstab pürieren. Etwas Wasser dazugeben, tüchtig schlagen und würzen. Schweinebauch 2 Stunden mit wenig Wasser kochen, 1/2 Stunde lang Sauerkraut, Lauchringe und Wacholderbeeren mitkochen. Dazu gibt es Brot und Kornschnaps.

Rezept:
Landfrauen Poppenhausen

Rezept Nr. 8 — Kleinsassen

Lappehödes

*Huitzelstielje, Huitzelstielje, mach mer Feuer in Ofe,
stoß mer net die Kachel nei, sonst raucht me's in die Stuwe*

Die kargen Höhenlagen mit der so eigenen Flora und Fauna, dort wo die Rhöner Silberdistel wächst, bietet dem Rhönschaf noch genügend Nahrung. Das anspruchslose Tier ist eine der ältesten Nutztierrassen Deutschlands. Es ist die einzige Rasse mit weißen Beinen und schwarzhaarigem, bis hinter die Ohren unbewolltem Kopf. Es zählt zu den gefährdeten Nutztierrassen. Seine Genügsamkeit und robuste Gesundheit machen das Rhönschaf zu einem idealen Landschaftspfleger auf benachteiligten Standorten. Zur Zeit gibt es einen Bestand von rund 9.000 Rhönschafen.

Arbeitsreich und schwer war früher die Schafschur, und die Wolle mußte mehrfach gewaschen und gekämmt werden, um sie dann verspinnen zu können. Das Schafscheren – früher ein saisonbedingter Beruf – stand im Ansehen nicht sehr hoch im Kurs. Das Wollekämmen wurde von bestimmten Familien übernommen, die oft von Hof zu Hof zogen. Sie brachten einen Ofen mit, auf dem die großen Kämme angewärmt werden konnten.

Selbstverständlich verlangte diese Arbeit auch eine kräftigende Kost. Gerne wurde der „Lappehödes" mit Dörrobst verzehrt. Das Dörrobst, auch „Hutzeln" genannt, spielt am „Hutzelsonntag", dem Sonntag nach Fastnacht, im Brauchtum der Rhön eine große Rolle. Mit Strohbünden, die an langen Stangen befestigt sind, zieht die Jugend an die Berghänge, wo die „Fackeln" oder „Bläase" bei Einbruch der Dunkelheit angezündet werden. Sie werden in Kreisen geschwungen, bis sie abgebrannt sind. Dann werden die Reste auf einen Haufen geschichtet, der noch einmal kräftig auflodert. Die Jugend vergnügt sich um das Feuer mit Gesang und Sprüngen über den brennenden Haufen.

Zutaten:

1 Pfund Mehl, 1 Würfel Hefe,
1 EL Zucker, 1 Prise Salz,
$^{1}/_{4}$ l warme Milch

Zubereitung:

Aus den Zutaten einen lockeren Hefeteig kneten, gehen lassen und daraus kleine Klöße, „Hödes", formen. 10 Minuten gehen lassen. Auf einem mit kochendem Wasser gefüllten Topf einen Lappen am oberen Rand festbinden (er darf nicht ins Wasser fallen!). Die Hödes daraufsetzen, eine passende Schüssel daraufstülpen und die Lappehödes 15–20 Minuten über dem kochenden Wasser garen. Dazu schmeckt Dörrobst oder Hagebuttenmarmelade, die in der Rhön „Wuhrhöpfemos" heißt.

Rezept: Elfriede Mihm

Johann-Adam-Suppe

Lense, bu sen se, im Döbbe, sie höbbe,
sie koche drei Woche, sen ümmer noch hoat

„Residenz des Himmels" nennt Schriftsteller Fritz Usinger das osthessische Fulda. „Rom des Nordens" nennen es andere. Um das Jahr 500 n. Chr. entstand auf dem Gebiet des heutigen Dombezirks ein merowingischer Königshof. Er wird gegen 700 von Sachsen zerstört, und 744 nutzt Bonifatius, der Apostel der Deutschen, den wüst gewordenen Platz und läßt durch seinen Schüler Sturmius das Benediktinerkloster Fulda gründen. 820/22 wird die karolingische Michaelskapelle erbaut, die zu den ältesten Baudenkmälern unserer Heimat gehört. Rabanus Maurus, der den Beinamen „Lehrer der Deutschen" trug, errichtete im 9. Jahrhundert eine Klosterschule. Deutsch wurde als Schriftsprache kultiviert; in Fulda stand die Wiege der althochdeutschen Literatur.
Bonifatius erlitt 754 in Friesland den Märtyrertod. In der Erlöserkirche seines Fuldaer Klosters fand er seine letzte Ruhestätte. Schon bald setzte ein großer Strom von Wallfahrern nach Fulda ein, der wiederum dem Kloster viele Spenden einbrachte – die Grundlage der späteren Macht und des Reichtums, der ganz besonders von den Fuldaer Äbten zum Ruhm der Kirche und ihrer eigenen Person eingesetzt wurde. Ab 1220 durften sie sich Fürstäbte nennen, und im 18. Jahrhundert haben sie Fulda zum städtebaulichen Gesamtkunstwerk gemacht.
In den Fuldaer Gasthäusern wird die Küchentradition gepflegt, die Mittler zwischen der Raffinesse fürstäblicher Hofkochkunst und bürgerlicher Hausmannskost ist. Im Hotel „Zum Ritter" wird die Johann-Adam-Suppe kredenzt, die nach dem Mundkoch des Fürstabts Adolf zu Fulda benannt ist.

Zutaten:

Milchbrötchen,
Butter,
Wasser,
süßer Rahm,
Eidotter,
Muskatnuß,
Salz

Zubereitung:

Milchbrötchen ohne Kruste in Wasser einweichen, wieder ausdrücken und in heißer Butter anrösten. Mit heißer Fleischbrühe ablöschen und eine gute halbe Stunde kochen lassen. Vor dem Anrichten durch ein Sieb geben und mit süßem Rahm, der mit Eidotter und etwas geriebener Muskatnuß verquirlt wurde, mischen. Mit etwas Salz würzen.

Rezept: Johann Adam Neuland, Mundkoch des Fürstabtes Adolph zu Fulda (1755)

Hirschbürgel

*Drowe im Schornstäi, doa hange die lange Säubäi,
doa gatt 'r ons die lange, die koeze loßt 'r hange*

Das fürstbischöfliche Stadtschloß, der gepflegte Park, der dieses von der Orangerie trennt, die man gerne als „gute Stube" Fuldas bezeichnet, alles zusammen ist ein glänzendes Zeugnis einer noblen Epoche und eleganten Hofhaltung. 1607 hat man mit dem Bau des Schlosses begonnen und hat seine prägende Gestalt im 18. Jahrhundert erhalten. Obwohl der letzte Krieg kaum etwas von der alten Schönheit übriggelassen hat, wurde alles exakt wieder aufgebaut, und selbst die zugrunde gegangenen Seidentapeten aus Lyon hat man nach altem Muster neu gewebt.

Im Stadtschloß wird die Geschichte Fuldas lebendig: in Gemälden, gut sortierten Sammlungen und Ausstellungen zeitgenössischer Künstler. Besonders sei auf die umfangreiche Sammlung Fuldaer Porzellane verwiesen. Die fürstbischöfliche Manufaktur teilte das Schicksal so vieler: Der auf repräsentative Lebensgestaltung gerichtete, Luxuswaren erzeugende Betrieb bestand nur 25 Jahre. Dennoch konnte sich das Fuldaer Porzellan durchaus mit dem aus Höchst und Meißen messen. Um die Pflege der Weinkultur kümmert sich seit 1989 der Weinhistorische Konvent Fulda e.V. mit seinen Weinproben in historischen Räumen und den Tafelrunden zur Wein-und-Eß-Kultur. Er knüpft an längst verschüttete Traditionen an, denn schon bald nach der Gründung des Klosters Fulda legten dessen Mönche am Frauenberg einige Weingärten an. 1716 kaufte Fürstabt Konstantin von Buttlar die Domäne Johannisberg im Rheingau. So kam ein Kleinod deutscher Weinlagen in fuldischen Besitz. 1775 wurde auf merkwürdige Weise die „Spätlese" entdeckt: Der Herbstkurier des Klosters Johannisberg sollte die Weinleseerlaubnis aus Fulda überbringen, doch weil er sich verspätete, glaubten die mit dem Weinbau beschäftigten Mönche ihre gesamte Ernte schon dahin. Voller Hoffnung, zu retten, was zu retten war, wurden schließlich die schon faulenden Trauben gelesen und gekeltert. Es war die Geburtsstunde der Spätlese.

*Rezept: Hotel „Ritter",
nach einem historischen
Fulda-Rezept*

Zutaten:

Hirschhinterteil
(„Bürgel" genannt),
zu gleichen Teilen Wein, Essig,
Fleischbrühe,
Lorbeerblätter, Gewürznelken,
Pfeffer, Salz, Eigelb,
Roggenbrot,
gestoßener Zucker,
Zimt, Mandelblätter,
Limonenschale,
gemahlene Nelken,
Kardamon, Eischnee

Zubereitung:

Hirschbürgel in Wein, Essig, Fleischbrühe, Lorbeerblättern, Nelken, Pfeffer, Salz garkochen. Herausnehmen und mit Eigelb bestreichen. Dann eine Kruste aus geriebenem Roggenbrot, gestoßenem Zucker, Zimt, Mandelblättern, Zitronenschale, Nelken, Kardamon und Eischnee aufdrücken. Hirschbürgel mit Kruste im Backofen in einer Bratkachel backen, bis die Kruste gelbbraun ist. Dazu eine Soße aus Johannisbeeren, die mit warmem Wein, Marmelade, Zitronenschale und Bratenbrühe vermengt sind.

Sagen aus der Rhön

Aus „Hessische Sagen" Diederichs-Verlag Düsseldorf/Köln

Die Tanzwiese

Am Fuß der Milseburg liegt eine Wiese, auf welcher einst in gewissen Nächten die Hexen ihre Tänze und ihre Mahle hielten. Ein Ritter von einer nahen Burg wurde von ihnen zu dem Tanz verlockt, und er fand so große Wonne daran, daß es ihn seitdem jeden Abend zu ihnen zog, wo er sich dann ganz der Lust überließ. Seiner Frau fielen bald diese heimlichen Gänge auf, sie schlich ihm nach und kam mit ihm zugleich an. Als sie sich mit im Tanz drehte, trat er zu ihr, ohne daß er sie erkannt hätte, faßte sie und raste in tollem Wirbel mit ihr umher. Dann sprach er seufzend: „Wieviel wollte ich darum geben, wenn ich dich, Schönste, für immer besitzen könnte!" Da sprach sie mit fröhlichem Blick: „So schau mich doch recht an; hast du mich nicht für immer und bin ich nicht ganz dein eigen?" Da wurde des Ritters Auge klar, und er sah voll Beschämung sein Weib vor sich. Seitdem ging er nie mehr zum Tanz der Hexen und blieb ihr treu bis in den Tod.

Der heilige Gangolf und sein Weib

Von dem bösen Weib des heiligen Gangolf erzählt man in der Rhöngegend noch eine derbe Geschichte. Als er vor ihrem unaufhörlichen Schimpfen und Zanken auch nicht eine Minute mehr Ruhe hatte, warf er sich auf die Knie und bat den lieben Gott inständig um Abhilfe, damit er doch wenigstens einen Tag in der Woche ungestört sein Gebet tun und seinen sonstigen Gottesdienst verrichten könne. Und der liebe Herrgott erhörte ihn und versprach, dem Schmähen und Zanken seiner Frau jeden Freitag Einhalt zu tun. Schon am nächsten Freitag, als das böse Weib, wie gewöhnlich, mit Zanken und Schimpfen über den armen Heiligen herfallen wollte, begann ihr Breitteil eine so heftige und laute Kanonade, daß sie vor dem Krachen und Donnern der Windbüchse ihr eigenes Geschrei und Gekeife nicht mehr vernahm und sich wütend vor Scham und Verdruß zurückziehen mußte. Am nächsten und den darauffolgenden Freitagen ging es wieder so. Da sah denn das böse Weib ein, daß es für sie am besten sei, wenn sie an diesem Tag ihren Mann gänzlich mied. So bekam der Heilige endlich wenigstens am Freitag Ruhe.

Der versunkene Hof

Bei Eichenzell unweit Fulda liegt ein großer schilfbewachsener Sumpf von hohen Tannen umgeben, still und düster. Oft sollen Trunkene hineingefallen, Pferde darin versunken sein, und manche schauerliche Sage läuft darüber in der Gegend um. Verwegene Bauern, welche einmal den schlammigen Rand des Sumpfes mit Brettern belegt hatten und nach der Mitte vordrangen, fingen dort Hechte und Karpfen, welche aber alle schwarz von Farbe waren.

In alter Zeit soll hier ein schöner Hof gestanden haben. Der Herr desselben war aber ein reicher Prasser, welcher täglich in Saus und Braus lebte und alle Schlemmer der Umgegend anzog. Wie der Herr, so auch die Knechte; sie trieben gottlosen Frevel mit dem lieben Brot und fütterten die Pferde damit. Eines Tages aber, als die Frau vom Hause gerade irgendeinen Schmutz mit Brot abwischte, versank Haus und Hof mit Mann und Maus in die Tiefe, und ein Sumpf trat an die Stelle. Kein Mensch aus dem Hof ist jemals wieder gesehen worden, zu nächtlicher Stunde aber kommen die Geister der Versunkenen als Lichter zum Vorschein und tanzen zischend auf dem Sumpf umher.

V Spezialitäten aus dem Habichtswald

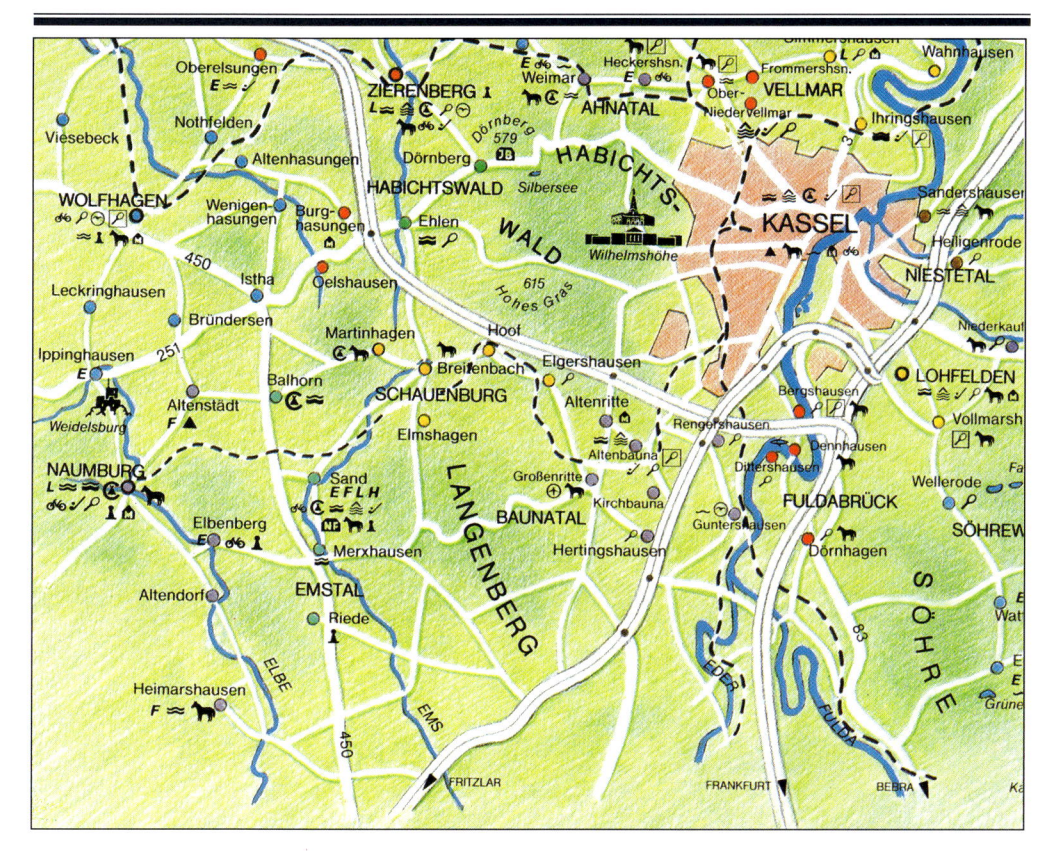

Mitten in Hessens grüner Nordspitze, wie das Gebiet um Kassel herum genannt wird, liegt der Naturpark Habichtswald mit seinen neun Gemeinden. Die Metropole im Habichtswald ist Wolfshagen, doch auch Zierenberg und Naumburg an der nordhessischen Elbe sind beliebte Ausflugsziele. Die Gemeinde Emstal ist mit dem Prädikat „Bad" ausgestattet worden.

Schon Bismarcks Leibarzt schwärmte damals von dem bevorzugten Sommerdomizil der kaiserlichen Familie: „Jeder Atemzug ist einen Taler wert", und Emanuel Geibel schrieb voller Vorfreude auf das anmutige Ländchen das Wanderlied „Der Mai ist gekommen".

Doch nicht nur klare, gute Luft hat der Naturpark, der das Stadtgebiet Kassel von Westen her begrenzt, zu bieten. Die Kasseler Wilhelmshöhe, Europas größter Bergpark, und die zahlreichen Berge, Kuppen und Klippen geben dem Habichtswald sein charakteristisches Aussehen. Als Sonderling unter den bewaldeten Kegeln gilt der Dörnberg bei Zierenberg: ein eigenwilliger Tafelberg, dessen almartige Rückseite mit bizarren Basaltformationen bestückt ist.

Grenzland Habichtswald

Reize zu jeder Jahreszeit kann der Habichtswald im Norden unseres Hessenlandes bieten. Für den einen sind Naturerlebnis, Zurückgezogenheit und Kunstentdeckungen wichtig, für den anderen eher Abwechslung, Geselligkeit, Feste, Lebensfreude bei Sport und Spiel.

Im Laufe einer vielhundertjährigen Geschichte war der Habichtswald Grenzland, Mittler zwischen Nord und Süd. Im 6. Jahrhundert schlossen sich die Chatten, die Vorfahren der Hessen, dem mächtigen Frankreich an. Bonifatius, der Apostel der Deutschen, missionierte die Gegend schon früh, und unter Karl dem Großen standen die Hessen Seite an Seite mit den Franken im „Dreißigjährigen Krieg" gegen die noch heidnischen Sachsen.

So wie in diesem Gebiet die beiden großen deutschen Stämme aufeinander trafen, so änderten sich im Mittelalter auch die Machtgrenzen zwischen dem Erzbistum Mainz und den Landgrafen von Thüringen, die später von denen von Hessen abgelöst wurden. Zahlreiche Burgen und wehrhafte Städte, aber auch eine schier unübersehbare Anzahl von Wüstungen geben Zeugnis von der wechselvollen Geschichte.

Vom Oben und Unten zeugen auch die Speisegewohnheiten der Altvorderen. Die erneuerte Taxordnung des hessischen Landgrafen von 1653 schreibt Umfang und Preise der Mahlzeiten in sozialer Differenzierung vor: „Eine Adelige Mahlzeit" umfaßte acht und mehr Essen, Käse, Butter und gutes Bier, „eine Mahlzeit der Beambten und dergleichen Ehrliche Leute" ein Essen weniger, eine für „Botten, Diener und Knechte" hingegen nur vier, aber dafür auch Butter, Käse und Bier. Die Ernährung der einfachen Leute war recht einfach gehalten und basierte auf den Grundnahrungsmitteln Brot, Kartoffeln, Gemüse, Milch, ergänzt durch Eier und Obst, oft als Dörrobst, sowie (ein) wenig Fleisch.

Die einfachen und edlen Mahlzeiten haben Michaele Scherenberg und Karl-Heinz Stier in zehn Ortschaften gekostet, zu denen sie mit dem „Hessencourrier", einem Oldtimerzug von Kassel nach Naumburg, unterwegs waren.

Rezept Nr. 1 — Wolfhagen

Erbsensuppe mit Grießklößchen

Wie man Klöße ißt?
Einen auf der Gabel und einen im Auge!

Der Rentenhof aus dem 17. Jh. beherbergt seit 1980 das Regionalmuseum mit seinen Sammlungen zur Kulturgeschichte des Wolfhager Raumes.

Zutaten:

2 Pfund Rindfleisch aus der Hochrippe,
750 g junge Erbsen,
1/4 l Milch,
knapp 100 g Butter,
125 g Grieß,
2 Eier,
etwas Salz und Muskat

Zubereitung:

Suppenfleisch kochen, aus der Brühe nehmen und darin die Erbsen garkochen. Das Fleisch kleinschneiden und wieder in die Suppe geben. Für die Klößchen Milch, Butter, Salz und Muskat zum Kochen bringen und den Topf von der Flamme nehmen. Dann den Grieß auf einmal hineinschütten, zu einem glatten Kloß rühren, der unter Rühren noch einmal eine Minute lang erhitzt wird. Dann den Teig etwas abkühlen lassen und die geschlagenen Eier darunterrühren. Mit einem nassen kleinen Löffel Klößchen abstechen und in die Fleisch-Erbsensuppe geben. Dort werden sie 10 Minuten lang gegart. Zum Schluß die Suppe noch mit kleingehackter Petersilie bestreuen.

Rezept: Irmgard Pfeil und Elfriede Weimann

Zentrum des Habichtswaldes ist Wolfhagen, ehemals Kreisstadt des gleichnamigen Landkreises. Mit seinen geschlossenen Fachwerkensembles gehört es zu den wichtigen nordhessischen Fachwerkstädten.
Der Baubestand stammt zumeist aus der Zeit nach dem Dreißigjährigen Krieg, der hier besonders grausam wütete. Nach dem großen Krieg standen von ehemals 394 Wohngebäuden nur noch 81.
1230 wurde mit dem Bau der St.-Annen-Kirche begonnen, deren mächtiger dreigeschossiger Turm die alten Fachwerkhäuser überragt. Der Überlieferung nach hat die fromme Frau Agnes von Bürgeln den Auftrag zum Bau gegeben. Wundertätige Dinge berichtet man über sie. Wenn sie Wäsche trocknete, dann habe sie diese in die Luft geworfen, wo sie ohne Seil hängenblieb! In bleibender Erinnerung ist den Wolfhagern die Stiftung ihres Waldes, den sie dem Grafen von Waldeck abgetrotzt hatten. Es ist heute der Stadtwald von Wolfhagen. Der Überlieferung nach soll bei der Rodung des Hagenberges ein Wolf aus dem Wald gesprungen sein.
Auf den Böden des Habichtswaldes gedeihen die Hülsenfrüchte besonders gut. In den nassen Jahren zwischen 1840 und 1848 mischte man sie gar unter das Brotmehl, um es „zu verlängern". Roggen, Erbsen und Bohnen wurden in einem Mahlgang gemahlen, und alte Leute erzählen, daß das daraus gebackene Brot mehr sättigte und „länger anhielt".

Rezept Nr. 2 — Naumburg-Altendorf

Grüner Kuchen

Ein guter Magen verträgt viel

„Naumburg, deine Schönheit ist ein prachtvolles Kleinstadtbild", schwärmte der hessische Heimatschriftsteller Ide vor einigen Jahrzehnten. Noch heute prägen malerische Fachwerkzeilen und rote Ziegeldächer die Straßen und verwinkelten Gassen der Stadt und ihrer 1971 eingemeindeten Stadtteile: ehemals selbständige Dörfer. Die Hausformen sind sehr verschieden, denn noch immer sind in der Großgemeinde Naumburg die Unterschiede zwischen dem sächsischen und dem fränkischen Einflußbereich deutlich erkennbar: Das niedersächsische Bauernhaus in seiner diemelländischen Prägung mit großer Mitteltenne und zweigeschossiger Abzimmerung zu beiden Seiten, mit dem Giebel zur Straße auf der einen Seite, dem fränkischen Bauernhof mit Wohnhaus, Scheune und Stall in getrennten Gebäuden um einen Hof angeordnet, auf der anderen Seite.

1983 wurde das private Heimatmuseum Naumburg den Bürgern des Ortes und den zahlreichen Feriengästen gewidmet. Neben ortsgeschichtlichen Themen werden über 25 ausgestorbene Handwerksberufe gezeigt.

Auch die ländlichen Arbeiten im und ums Haus werden ausführlich beschrieben. So das Backen! In Altendorf findet man noch heute ein Backhaus, das rege genutzt wird – vor allem zur Herstellung des „grünen Kuchens" – einer gehaltvollen Mahlzeit.

Zutaten:

4 1/2 Pfund Brotteig,
1 l Milch, 100 g Mehl,
2 Becher Schmand,
2 Becher saure Sahne,
10 Eier,
6 Handvoll Schlotten,
400 g Speck,
etwas Paniermehl

Zubereitung:

Für den Belag heiße Milch und Mehl andicken und aufkochen (wie Pudding). Schmand, saure Sahne, Eier und in Ringe geschnittene Schlotten darunterrühren. Brotteig auswellen und auf dem Backblech auslegen. Den Belag darauf verstreichen. Speck in Semmelbröseln wälzen und den „grünen Kuchen" damit belegen. Zum Schluß noch ein paar Löffel Semmelbrösel darauf verstreuen. Den herzhaften Kuchen 1/2 Stunde backen.

Rezept: Marieluise Raude und andere Landfrauen von Naumburg-Altendorf

Rezept Nr. 3 — Ehlen

Sprudelkuchen

En goot Schwien frettet olles

Zu den bemerkenswertesten Landschaften im Einzugsbereich des Habichtswalds gehört der Dörnberg, ein mächtiger Bergrücken mit alpinem Charakter und seiner mit 597 m höchsten Erhebung. Er beherrscht das Landschaftsbild bis in die Gegend von Kassel. Mit dem „Alpenpfad", der über Trockenrasen und Feldfluren zur Wichtelkirche, einem ausgewitterten Basaltkloß, führt, besitzt er eine Besonderheit. Hier wachsen noch Enziane, Primeln, Knabenkraut und Braunellen. Geheimnisvolles spiegelt sich in den Sagen und Erzählungen von den Wichtelmännchen, die auf dem Dörnberg tief unten in der Erde unterhalb der Berggipfel wohnten. Sie verstanden es, mit magischen Kräutern, besonders aber mit der Springwurzel, alle Schlösser zu öffnen. Daher soll ihr großer Reichtum herrühren.

Sicherlich rühren die Hintergründe zu dieser Sagenbildung von Funden aus der Jungsteinzeit her. Auf dem kahlen Plateau des Dörnbergs ist noch deutlich ein Ringwall auszumachen, der ein Jahrhundert vor Christus angelegt wurde.

Auch in der Herstellung von köstlichem Backwerk sollen die Wichtelmännchen Meister gewesen sein. Die Kuchen und andere Süßspeisen bezeichnet man in der Region als „Baggewerk", im Gegensatz zum „Essewerg", denn Speisekuchen wurden gerne verzehrt, und das hat eine lange Tradition: Der Speisezettel des hessischen Landgrafen um das Jahr 1580 nennt 48 Gebäcksorten, von denen 24 im heißen Fett und weitere 24 im Ofen gebacken werden.

Bei vielen Kuchen findet der Schmand Verwendung. Besonders schmackhaft ist der „Sprudelkuchen" der Ehlener Landfrauen, dessen Teig mit Mineralwasser oder Zitronensprudel angerührt wird. Als Schmand bezeichnete man früher oft fälschlicherweise auch die geronnene Haut auf der frischgekochten Milch. Sparsame Leute bestrichen damit den ofenwarmen Kachelkuchen, der zuvor mit „Queddschemus" versüßt worden war.

Zutaten:

4–5 Eier, 2 Tassen Zucker,
3 1/2 Tassen Mehl,
1 Tasse Öl, 1 Tasse Sprudel,
1 Päckchen Backpulver,
2 Päckchen Vanillezucker,
1 l Milch, 3 Vanillepudding,
4 Becher Schmand,
2 Becher Schlagsahne,
Zucker und Zimt

Zubereitung:

Eier, Zucker, Mehl, Öl, Sprudel, Backpulver und Vanillezucker zu einem Teig rühren, diesen auf einem Backblech verteilen und bei 200 Grad ca. 15 Minuten backen. Aus Milch und Puddingpulver Pudding kochen und auf den vorgebackenen Kuchen geben, noch mal 7–10 Minuten backen und etwas abkühlen lassen. Schmand und geschlagene Sahne mischen, auf den Kuchen streichen. Mit Zucker und Zimt bestreuen.

Rezept: Renate Kreher

Rezept Nr. 4   Dörnberg

Gedämpfte mit Schmandsalat

Das Salz ist der Pfeffer der armen Leute

Der Volkskundler Wilhelm Heinrich Riehl weist den Hessen im nördlichen Teil des heutigen Bundeslandes eine Mittlerrolle zwischen norddeutschem und mitteldeutschem Wesen zu. Den Menschenschlag bezeichnet er als originell und etwas störrisch.

Auf ihrem Speisezettel stand deftige, sättigende Kost an erster Stelle. Kartoffeln und Brot waren die Grundnahrungsmittel. Brot wurde meist trocken, ohne Aufstrich gegessen. Milch war in der landwirtschaftlich strukturierten Region immer vorhanden.

Der herzhafte Schmand - saurer, fetter Rahm - kam in kleinen Mengen an viele Gerichte! Besonders köstlich schmeckt die Salatvariante hier oben im Habichtswald, wo die grünen Blätter statt mit Essig und Öl mit Schmand und Zitrone angemacht werden.

Fleisch wurde in der Regel nur wenig verzehrt. Das war andernorts in früheren Zeiten genauso. Die kleinen Bauern schlachteten weit weniger, als gemeinhin angenommen wird. Nach einer Schlachtung wurde alles Fleisch sorgsam verwertet. Die Schwartenwurst ist ein Beispiel dafür. Man ißt sie noch heute gern zu „Gedämpften", einem besonders schmackhaften Kartoffelgericht.

Wenn die Zeiten schlechter wurden, hatte man ganz auf Fleisch und Brot verzichtet. Gegen Ende des 19. Jhs. wurden morgens Kartoffelscheiben auf dem heißen Ofen geröstet und mit Pflaumenmus bestrichen. Geröstete Kartoffelscheiben gab man auch den Kindern als Frühstück mit in die Schule.

Zutaten:

1 kg Kartoffeln,
2 EL Schmalz,
125 g magerer Speck,
1 Zwiebel,
Salz,
1 runde Schwartenwurst,
1 Salatkopf,
250 g Schmand,
Petersilie, Dill, Borretsch,
Pimpernelle, Schnittlauch,
Zitrone,
Buttermilch,
Salz, Pfeffer, evtl. etwas Zucker

Rezept: Elfriede Hartmann, Gisela Carl, Minna Schnegelsberg

Zubereitung:

Kartoffeln schälen und vierteln. Kleingeschnittenen Speck in heißem Schmalz anbraten, Kartoffeln zugeben, kleingeschnittene Zwiebel darüber verteilen und salzen. Alles gut anbraten und wenden. Schwartenwurst (vom Metzger) in etwas heißem Wasser brühen und obenauf legen. Zudecken und ca. $1/2$ Stunde schmoren lassen. Evtl. zwischendurch wenden. Salatsoße aus Schmand, Gewürzen, etwas Zitronensaft und Kräutern mischen und mit Buttermilch verdünnen.

Rezept Nr. 5 — Bad Emstal

Wildpfeffer

Wildbret und Fisch sind für der Herren Tisch

Ohne den Angelsachsen Winfried, der unter dem Kirchennamen Bonifatius bekannt ist, hätte es keine Missionierung Mitteldeutschlands und somit keine festgefügte Kirche des Mittelalters gegeben. Seine Missionstätigkeit wirkte sich recht nachhaltig bei den beharrlichen Hessen, den Nachfahren der Chatten, aus, denn Missionierung war gleichbedeutend mit der Vermittlung spätantiker und neu erwachender Kultur.

Auf dieser Grundlage entstanden im Habichtswald schon sehr früh bedeutende Klöster, die die Reformationszeit allerdings nicht überdauerten. In Merxhausen stößt der Besucher auf die Reste eines ehemaligen Augustinerklosters aus dem Jahre 1213. 1527 wurde das Kloster aufgelöst und zum Hospital bzw. zur Pflegeanstalt umgewandelt. Älter ist das ehemalige Kloster Hasungen. Um das Jahr 1017 ließ sich der Pilger Heimerad aus Süddeutschland hier nieder und gründete das Kloster. Nach seinem Tod 1067 wird von Wundern an seinem Grab berichtet, u. a. von Krankenheilungen. Sein Ruhm macht Hasungen zu einem bekannten Wallfahrtsziel. Mit der Einführung der Reformation 1526 in Hessen läßt Landgraf Philipp der Großmütige das Kloster aufheben. Abt und Mönche werden wirtschaftlich abgefunden, und das Kloster wird zu einem Hofjagdlager umfunktioniert. Aus der Zeit der frommen Äbte und Mönche stammt der Wildschweinpfeffer. Wildbret gehört zu den Abgaben, die an das Kloster zu liefern waren, und die notwendigen Gewürze wurden von den Wallfahrern mitgebracht.

Nach alten Rezepten kocht der „Grischäfer" in Emstal-Sand. Das Haus gehörte früher dem Schäfer Gries, der hier am Abend eine Wirtschaft betrieb. Zu besonderen Gelegenheiten gibt's beim Grischäfer auch mittelalterliche Musik zu hören – ebenso auch in der nahegelegenen Werkstattgalerie Schier, die im ländlichen Emstal-Ballhorn Kunstfreunde von weither anzieht.

Zutaten:

1200 g Wildschweinkeule,
750 ml Rotwein,
3 Karotten, 2 Zwiebeln,
$1/2$ Sellerieknolle,
2 Knoblauchzehen,
5 Wacholderbeeren,
2 Lorbeerblätter,
5 Pfefferkörner,
1 TL Tomatenmark,
$1/2$ Tasse Schweineblut

Zubereitung:

Fleisch in Würfel schneiden und 3 Tage einlegen in Rotwein, kleingeschnittenem Wurzelgemüse und Gewürzen. Fleisch durchs Sieb abgießen und salzen. Wildpfeffer dann in heißem Öl anbraten, Tomatenmark zugeben, mit Mehl bestäuben. Mit der Einlegeflüssigkeit ablöschen und allmählich reduzieren. Abschmecken mit Schweineblut, aufkochen und nachsalzen.

Rezept: Rainer Holzhauer vom Restaurant „Grischäfer"

Rezept Nr. 6 — Escheberg

Rosinensoße

*Sage mir, was du ißt,
und ich sage dir, was du bist!*

Unter den zahlreichen Adelsgeschlechtern Nordhessens nehmen die von der Malsburg eine besondere Rolle ein. Die erste Hälfte des 19. Jahrhunderts, das bürgerlich-familiäre Biedermeier, war die große Zeit auf Schloß Escheberg. Der damalige Schloßbesitzer, Karl Otto von der Malsburg, ein Schöngeist par excellence, bot einer großen Gemeinde von Dichtern und bildenden Künstlern in seinem Schloß ein Buen Retiro. In der geistigen Atmosphäre sollten sie Anregungen und Muße zu weiterem Schaffen finden. Im sorgsam gehüteten Gästebuch sind dann erlauchte Namen zu finden: die Brüder August Wilhelm Schlegel, Übersetzer von 17 Schauspielen des Engländers William Shakespeare, und Friedrich Schlegel, der Begründer der modernen Geisteswissenschaft. Heinrich Marschner, Komponist romantischer Opern, gehörte zu den Gästen ebenso wie der Komponist Louis Spohr, der ab 1822 gar zum Hofkapellmeister am Kasseler Hof avancierte. Er sollte Kassel ein Jahrzehnt lang an die Spitze des Musiklebens in Deutschland führen. Zu den bildenden Künstlern gehörte vor allen Dingen Ludwig Emil Grimm, der Malerbruder der Märchensammler. Der Dichter Emanuel Geibel verliebte sich unsterblich in Henriette, die Tochter des Hauses. Geibel soll der Erzähltradition zufolge den Text des Liedes „Der Mai ist gekommen" auf Escheberg geschrieben haben.

Zutaten:
1 kg Johannislauch,
50 g Rosinen,
250 g Bauchspeck,
40 g Schmalz,
40 g Mehl,
1/2 l Brühe,
2 EL Essig,
Salz und Zucker zum Süß-sauer-Abschmecken

Zubereitung:
Den Johannislauch gründlich waschen und die Zwiebeln bis zu den grünen Blättern abschneiden. Die weißen Teile in kleine Ringe schneiden. Den in Würfel geschnittenen Bauchspeck in heißem Schmalz ausbraten und den Lauch darin etwas andünsten. Nun Mehl dazurühren und die Mehlschwitze mit Fleischbrühe auffüllen. Rosinen dazugeben sowie Salz, Zucker und Essig. Zum Schluß die kleingeschnittenen Blätter vom Johannislauch unterrühren und alles noch einmal durchkochen. Die Rosinensoße mit Johannislauch reicht man zu Kartoffeln mit gekochten Eiern. Gut dazu schmeckt auch Kochfleisch. Der Johannislauch, der im Herbst gepflanzt wird, sollte um den 24. Juni (Johannistag) geerntet werden.

*Rezept: Minna Finis
aus Oberelsungen*

Rezept Nr. 7 — **Breuna-Wettesingen**

Hutzel

Hutzeln giwedet dün Dach, wi houpet ji hat gouden Hunger midebracht!

Zutaten:

500 g getrocknetes Obst
(Äpfel, Aprikosen, Birnen),
1 kg Kartoffeln,
3 EL Schmalz,
1 große Zwiebel,
2 EL Rübensirup,
Salz und Zucker

Zubereitung:

Obst über Nacht in Wasser mit Zucker und Salz einweichen. Am anderen Tag in dem Wasser garen. Zwiebel im Fett dünsten. Die geschälten und in Würfel geschnittenen Kartoffeln dazugeben, mit Wasser auffüllen, salzen und garen. Die Hutzeln zu den Kartoffeln schütten und noch einmal durchkochen. Zuletzt mit Sirup, Zucker und Salz abschmecken. Dazu schmeckt jede Art Hausmacherwurst.

Rezept: Hilde Bernd und Irmgard Wiegand

Die Geschicke der Menschen in der nordhessischen Region waren ehemals geprägt von der territorialen Zugehörigkeit zu unterschiedlichen Landes- und Standesherren. Die Landwirtschaft war die Grundlage des Erwerbslebens der Bewohner der Dörfer, aber auch der Adelsfamilien, die ihre Wirtschaftskraft aus den Familiengütern zogen. Eine eindrucksvolle Anlage ist noch heute das Rittergut von Briesberg in Wettesingen, das eine besonders schöne Eingangshalle besitzt. Die bäuerliche Struktur hat sich hier im nördlichen Habichtswald behauptet. Behauptet hat sich aber auch die Besonderheit der Mundart, die sich so ganz anders anhört als das „Sonntagshessisch" des Rhein-Main-Gebietes. Mitten durch die Region verläuft eine Sprachgrenze: „dat-Grenze", sagen die Wissenschaftler, die das Niederdeutsche vom Fränkisch-Hessischen scheidet. Im Norden überwiegt das echte „Platt", im südlichen Teil spricht man hingegen einen eigenen Dialekt. Dieser wechselt oft von Ort zu Ort in Nuancen.

Der zu Beginn des 19. Jahrhunderts durch Deutschland reisende Hohenlohische Hofrat Carl Julius Weber bezeichnete die Hessen als Zwetschenfresser. Getrocknetes Obst bezeichnet man im Volksmund als „Hoddseln". Ein kräftiges ländliches Essen sind süß-sauer abgeschmeckte „Hoddseln" mit Kartoffeln und Zwiebeln. Dazu reicht man in Breuna und in Wettesingen Hausmacherwurst – die „Dürre Runde" – und geräucherte Blutwurst.

Rezept Nr. 8   Zierenberg

Ferkelfüße

Fickeln Föute smaken söute

Zutaten:
4 Ferkelfüße,
200 g Gerste (Graupen),
1 Stange Porree,
4 Möhren,
Pfeffer und Salz

Zubereitung:
„Fickelfeute" 1½ Stunden kochen und aus der Brühe nehmen. Dann Gerste und Suppengemüse dazugeben und 20 Minuten kochen. Mit Salz und Pfeffer abschmecken. Dazu schmeckt Bauernbrot.
Wer keine „Fickelfeute" mag, kann diesen deftigen Eintopf auch mit Solperfleisch zubereiten.

Zierenberg ist eine planmäßig angelegte Stadtgründung des Landgrafen Heinrich I. von Hessen. Das historische Rathaus datiert aus dem Jahre 1450 und gilt als eines der ältesten Fachwerkhäuser in Hessen. Die ältesten Baudenkmäler sind aber die Stadtkirche und die Stadtmauer. Kirchplatz und Markt bildeten das Herz des kleinstädtischen Gemeinwesens. Ein bürgerlich-beschauliches Milieu, in dem sich manch altes Brauchtum erhalten konnte.

In ganz Deutschland wohl einmalig ist die Existenz zweier Brüderschaften in Zierenberg, die sich als „Rohrbacher" und „Leutzewärter" bezeichnen. Im 17. Jahrhundert sind die Brüderschaften urkundlich faßbar. Alljährlich im Februar feiern sie ihren „Jahrestag", der sich über drei Tage erstreckt und mit dem „Aufschroten" des Bieres beginnt! Das Bier spielt naturgemäß eine große Rolle bei solchen Festen, und als gute Grundlage dient der „Rohrbacher Schinken", bei dem es sich allerdings nur um ein besonderes Kümmelbrot handelt. Früher wurde streng darauf geachtet, daß der Kümmel für dieses Brot in der alten Rohrbacher Gemarkung geerntet wurde. Vom Gemeinschaftsgeist der Brüderschaften spricht der alte Brauch, mit dem Umzug auch die alten Brüder zu besuchen, die an den Festlichkeiten nicht teilnehmen können. Ihnen wird zur Freude ein Ständchen dargebracht.

Ein altes Zierenberger Rezept sind die Ferkelfüße – oder im Dialekt „Fickelfeute". Das gegarte Fleisch kommt in einem Gesteintopf zu Tisch. Früher wurde das deftige Wintergericht in jeder Familie gekocht, denn Ferkelfüße waren ein preisgünstiges, mageres Fleisch.

Rezept: Roswitha Rietze und Liesel Knierim

Rezept Nr. 9 — Riede

Scharkuchen

Selber Essen macht fett!

Die Adelsfamilien, die in der nordhessischen Region begütert waren, zogen ihre Wirtschaftskraft zum großen Teil aus der Landwirtschaft, so auch die von Buttlars. Um diese Güter bewirtschaften zu können, waren früher Scharen von Bediensteten notwendig.

Neben der Landwirtschaft spielte die Viehzucht eine große Rolle, und hier wiederum die Schafzucht. Die landgräfliche Regierung machte sich in diesem Zusammenhang Sorgen um eine effektive Wirtschaftsform. Um das Jahr 1705 wird nämlich von der Regierung beklagt, daß hier eine gute Möglichkeit zu wirtschaftlichem Aufschwung vertan würde, weil nämlich Schafwolle und Leder roh und unverarbeitet ausgeführt und nicht an Ort und Stelle die Rohprodukte verarbeitet wurden. „Deshalb müssen wir uns nicht unbillig blinde Hessen nennen lassen", meinte ein Regierungsbeamter seinerzeit. Er sieht es auch als Manko an, daß keine robusten schwarz- oder braunköpfigen Schafe gezüchtet würden, statt dessen aber weiße Schafe, deren Wolle wesentlich beliebter war. Die Bäuerinnen auf dem Lande fertigten daraus Strümpfe, Handschuhe und „beiderwollene Decken". Die fürstlichen und anderen adeligen Höfe verkauften aber die gute Wolle aus eigenen Schäfereien in großen Mengen an Händler für reiche Kaufleute in Frankfurt, Köln, Aachen und Lüttich.

Die Gutshöfe der Adelsfamilien sind heute oft Treffpunkt für die Landfrauen vom Ort. Im Gut der von Buttlars lädt die alte Schloßküche ein, in Gemeinschaft zu kochen. Ein beliebtes nordhessisches Gericht sind die Scharkuchen aus geriebenen Kartoffeln.

Zutaten:
2 kg Kartoffeln,
250 g Mehl,
40 g Hefe oder 4 Eier,
1 Möhre,
1 Zwiebel,
Salz

Zubereitung:
Aus Mehl und Hefe Teig rühren, etwas ruhen lassen. Rohe Kartoffeln, Zwiebel und Möhre reiben, unter den Hefeteig mengen, abschmecken. Schareisen oder Bratpfanne mit Speckschwarte ausreiben und aus dem Teig handtellergroße Scharkuchen backen. Sie sollen auf beiden Seiten goldbraun sein! Dazu schmeckt eine fette Soße aus kleingeschnittenen Zwiebeln, die in reichlich Öl glasig gedünstet werden. Mit Schmand auffüllen, durchrühren und aufkochen!

Rezept: Bernina von Buttlar

Rezept Nr. 10 — Schauenburg

Gefüllter Hahn

Der Hahn liegt in der Pfanne warm

„Jede Landschaft hat ihre eigene, besondere Seele", stellte der Dichter Christian Morgenstern fest. Wie sehr trifft dies auch auf die Landschaft der Gemeinde Schauenburg zu. Sie hat etwas von der geheimnisvollen Stille, die als bester Nährboden für Sagen und Märchen gilt. Die Brüder Grimm verbrachten ihre Jugendzeit im benachbarten Kassel, dem Geburtsort der Mutter. Wen wundert es da, daß die zwei Märchensammler hier zahlreiche, typisch hessische Erzählungen aufzeichneten. Für ihre Sammlung der „Kinder- und Hausmärchen" haben sie zum einen ältere schriftliche Quellen ausgewertet, aber auch die damals noch sprudelnde Quelle der mündlichen Überlieferung ausgeschöpft. Hier im Schauenburger Ortsteil Hoof fanden sie in Johann Friedrich Krause einen eifrigen Gewährsmann. Er hörte sich nach Geschichten um und schrieb sie für die Brüder Grimm auf. Zeugnis seiner Tätigkeit sind drei Hefte, die sich im Grimmschen Nachlaß befinden und die Aufschrift „Aufnahme der Gespräche auf den Spinnstuben der Gemeinde Hoof im Jahr 1811" tragen.

Der einstige Dragonerwachtmeister Friedrich Krause verbrachte als invalider Kriegsveteran und Witwer seinen kläglichen Lebensabend. Er ließ sich seine Märchen von den Brüdern Grimm mit abgelegten Hosen entlohnen. Noch nach Jahren jener kuriosen Transaktion erwies Krause den Brüdern Grimm seine Dankbarkeit: „Meine Liebe-Herren-Wohldäter! Ich denke däglich an ihnen, Morgen und abents. Wenn ich mich aus- und annziehe: aber die aldages Beinkleider sein zerißen: Haben sie die Gewogenheit, wenn Einer von Ihnen Ein paar Beinkleider abgelecht hat, und begaben sie mich Noch eins mahl, Ich werte Ihnen meinen unterthänischen Danck abstatte ..."

In den Märchen tauchen oft köstliche Speisen auf, von denen der alte Dragoner nur träumen konnte. Der gefüllte Hahn aus Schauenburg ist auch in heutigen Tagen ein wahres Festessen!

Zutaten:

*Junger Hahn (1700 g),
100 g Kalbsleber,
250 g Gehacktes (halb u. halb),
1 Ei, 3 EL Schmand,
Petersilie, Kresse, Salz, weißer Pfeffer, 1 EL Öl, Weißwein, für die Soße Schmand und Kresse*

Zubereitung:

Kalbsleber in Öl anbraten, abkühlen und fein zerkleinern. Mit Schmand und Ei zum Gehackten mengen. Kräuter waschen, trockenschwenken, hacken und ebenfalls dazumischen. Mit Pfeffer, Kardamon und Salz abschmecken. Hahn mit „Füllsel" füllen. Hahn hellbraun anbraten, Weißwein zugießen und 1 Stunde schmoren lassen. Schmand zum Schmorfond geben, aufkochen lassen, abschmecken und etwas geschnittene Kresse unterziehen.

Rezept: Harald Eisenacher und Ingrid Esbach

Der Hessencourrier

Seit 1972 rollt er durch das nordhessische Bergland, und wenn er fährt, dann riecht es nach Kohlenstaub und Ruß und läßt alles lebendig werden, was die angeblich so gute, alte Zeit ausmacht: der Hessencourrier, der erste hessische Museumszug. Die Sammlung von Loks, Personen- und Güterwagen wird vom Verein gleichen Namens betrieben, 30 Männer, 5 Frauen – keine Berufseisenbahner/innen. Lokführer, Heizer und sonstige Betriebsbedienstete haben die erforderlichen Prüfungen extern abgelegt. Sie unterhalten die Fahrzeuge, arbeiten sie wieder auf und bewirtschaften sie: Eigner der Museumsbahn ist der Arbeitskreis „historischer Zug". Die Wagen zeigen nahezu lückenlos die Entwicklung des Eisenbahnwagenparks von 1886 bis 1956 auf. Die meisten Fahrzeuge sind Überbleibsel von hessischen Neben- oder Kleinbahnen. Von den 30 Loks und Wagen sind zwei Drittel betriebsfähig. Auf ein Fahrzeug ist der Verein besonders stolz: Die Dampflok HC 206, die derzeit einzig fahrbare 5fach gekoppelte Tenderlok in der Bundesrepublik. Sie zieht einen Zug von 160 Tonnen über eine Steigung von 1:35. 1941 wurde das Prachtstück von Krauss-Maffei gebaut, seit 1970 stand sie als Denkmal am Naumburger Bahnhof, nach kompletter Restaurierung durch den Verein 1985 ist sie auf der alten Stammstrecke wieder in Betrieb genommen worden.

Ein weiteres Schmuckstück: Ein Personenwagen der III. und IV. Wagenklasse, mit Ofenheizung und mit einem großen Platz in der IV. Klasse, um den die Sitzbänke angeordnet sind. Das Ofenrohr selbst ragt durch das Wagendach. Drumherum hatten die Marktfrauen ihre Körbe und die zu verkaufenden Tiere in Käfigen aufgestellt. Zwar wurde das Museumsstück 1894 in Ludwigshafen gebaut, aber auch hierzulande sind diese Wagen gefahren – wie sich viele ältere Mitbürger noch erinnern.

Mit dem Hessencourrier ist ein Stück heimatlicher Technik und Industriegeschichte erhalten geblieben. Der Verein hat noch rechtzeitig die Notbremse gezogen und verhindert, daß die alten Schienenfahrzeuge der Rationalisierung des öffentlichen Transportsystems zum Opfer gefallen wären. Die Strecke Kassel–Naumburg ist von Beginn an Hausstrecke des Hessencourrier. Sie wurde 1902 bis 1904 als Privatbahn erbaut und ist etwa 33 km lang. Wegen des bergigen Geländes ist die Strecke außerordentlich kurvenreich, die Hälfte der Gleise liegt in Bögen, was der Bahn besonderen Reiz verleiht. Tiefster Punkt mit 170 m ü. NN in Kassel-Niederzwehren, der höchste liegt im Bahnhof Hoof, 403 m ü. NN.

Die Kleinbahn brachte dem von ihr erschlossenen Gebiet die lang ersehnte Verbindung zur Stadt Kassel und einen beachtlichen wirtschaftlichen Aufschwung.

VI Herzhaftes aus dem Odenwald

Der Odenwaldkreis liegt in dem von Rhein, Main und Neckar gebildeten Landschaftsviereck. Die geographische Form des Odenwaldkreises ist Ausdruck seiner wechselvollen Geschichte. Die Gebietsreform im Jahre 1972 verringerte die Zahl der kreisangehörigen Gemeinden von 93 auf 15. Durch die Nähe zu den Ballungsräumen hat der Odenwaldkreis mehr und mehr als Wohn- und Erholungsraum an Bedeutung gewonnen. 60 Prozent seiner Gesamtfläche ist von Wald bedeckt. Aufgrund einer abwechslungsreichen und interessanten Landschaftsstruktur, seiner Sehenswürdigkeiten und der Gastfreundschaft seiner Bewohner zählt der Odenwaldkreis zu den bekanntesten hessischen Feriengebieten.

Das einzige südhessische Heilbad, Bad König, empfiehlt sich zu einem Kuraufenthalt bei Stoffwechselerkrankungen, Blutarmut, Störungen des vegetativen Nervensystems, Erschöpfungszuständen oder Rekonvaleszenz.

Fünf Luftkurorte und eine Vielzahl von Erholungsorten im Odenwaldkreis haben die staatliche Anerkennung erhalten. Die Gesamtfläche des Odenwaldkreises liegt im Naturpark Bergstraße/Odenwald, einem der größten deutschen Naturparks.

Land und Leute im Odenwald

Der Odenwald ist ein waldreiches Mittelgebirge, die Berge nicht zu hoch, das Klima mild und gesund. „Das Mümlingthal ist unläugbar das größte und schönste des hessischen Odenwaldes", stellt ein Chronist 1849 fest. Das gilt auch heute noch. Hier finden wir das „Herz des Odenwaldes" mit der Stadt Michelstadt, ihrem reizvollen Marktplatz und dem imposanten Rathaus. Daneben liegt Erbach, die Kreisstadt, Zentrum der Elfenbeinschnitzerei und Residenz der Grafen von Erbach. Das Gersprenztal mit seinen malerischen Dörfern und prächtigen Einzelhöfen sollte nicht unterschlagen werden. Dort hat die Bevölkerung noch vieles bewahrt, was an die Vergangenheit der Odenwälder erinnert. „Der Odenwälder ist kräftig, hochgewachsen und im Allgemeinen von sehr starkem Knochenbau", schwärmt unser Chronist.

Vielleicht läßt sich diese körperliche Eigenschaft auf die Nahrungsgewohnheiten der alten Odenwälder zurückführen, deren Lebensweise „nach Stand und Vermögen jedoch ganz verschieden" war. Die deftige Hausmannskost stand ganz oben in der Rangordnung der Speisegewohnheiten, und „nur bei besonderen Festen, z.B. Hochzeit, Kindtaufen, Kirchweihen, wurde Fleisch, Wurst, Braten und Schinken in großen Mengen genossen". Deftig und kräftig mußte es zugehen. Am meisten verhaßt waren dem Odenwälder die dünnen Wassersuppen, in die mehr Augen hinein als heraus schauten! Während die reichen Bauern es gern mit Mehlspeisen, gesalzenem und gedörrtem Fleisch hielten, war bei den Kleinbauern und Taglöhnern die Kartoffel das Hauptnahrungsmittel. Sie wurde sogar noch dem Brotteig zugesetzt, um ihn zu verlängern! Es kommt nicht von ungefähr, daß man der Kartoffel im Odenwald eine besondere Referenz erweist. Jährlich rufen im Herbst zur Zeit der Kartoffelernte die Odenwälder Wirte zu den Kartoffelwochen auf und zeigen, was aus der duftenden Knolle Herzhaftes und Köstliches zubereitet werden kann: Kartoffeln als Beikost oder Kartoffeln „ganz und haaß".

Die Erdäpfel hatten es unter anderem auch Michaele Scherenberg und Karl-Heinz Stier angetan, als sie bei ihrer kulinarischen Reise durch den Odenwald mit zwei Kaltblütern und einem Leiterwagen unterwegs waren.

Rezept Nr. 1 — Gumpen

Backofenkartoffeln

Vom Hungern ist noch kaaner satt worn

„Der Odenwälder ist ein noch unverdorbener Deutscher", urteilt der gräflich-erbachische Hofmeister Hildebrand im Jahre 1802 und rühmt wie andere Zeitgenossen nach ihm seine Traditionsverbundenheit in der Kleidung. Kaum hundert Jahre später berichtet Oberforstrat Wilbrand über das Aussehen der Odenwälder Volkstracht, daß die Männer schwarze Jacken mit Kniehosen und großem aufgeknöpften Schlapphut von Filz oder pelzverbrämter Mütze und die Frauen und Mädchen dunkle halblange Röcke mit Brusttüchern und die schwarzen enganliegenden Käppchen trugen. Diese Käppchen bezeichnete man auch als „Kommodchen".

Es ist bezeichnend, daß die ersten Trachtengruppen in Hessen gerade in dieser südlichsten Region entstanden sind. Vor allem der 1882 gegründete Wander- und Kulturverein, der Odenwaldklub, hat sich der Pflege der Volkstracht, des Liedgutes und des Volkstanzes angenommen.

Heute gibt es im Odenwaldbereich und den angrenzenden südhessischen Landschaften 32 Trachtengruppen mit über 3000 Mitgliedern. Sie bewahren diese Odenwälder Eigenart, zu denen auch das Brotbacken in den reaktivierten Dorfbackhäusern gehört.

Im Odenwald kannte man früher im Gegensatz zu den oberhessischen Regionen weniger die Gemeinschafts-Backhäuser. Bedingt durch die Streulage der großen Odenwälder Hubengüter war es notwendig, für jeden Hof ein eigenes Backhaus zu errichten. Im 19. Jahrhundert galt es bei den reicheren Bauern als erstrebenswert, den Backofen direkt an das Wohnhaus zu bauen.

Zutaten:

1,5 kg große Kartoffeln,
2 große Zwiebeln,
2 Stangen Lauch,
100 g durchwachsener Speck,
Salz, Pfeffer, Paprika,
2 Lorbeerblätter,
200 g saure Sahne,
1,5 kg leicht gepökeltes Eisbein
und Kammstück
1 l Apfelwein

Zubereitung:

Kartoffeln schälen, zweimal durchschneiden und die Hälfte davon in einen Bräter legen. Darauf in Ringe geschnittene Zwiebeln und Lauch verteilen sowie gewürfelten Speck, jeweils die Hälfte der Menge. Mit Salz, Pfeffer, Paprika und 1 Lorbeerblatt würzen, etwas saure Sahne darübergießen, die mit Mehl verrührt wurde. Eisbein in 4 Scheiben ca. 6 cm dick schneiden, darauflegen und restliche Kartoffeln, Zwiebeln, Lauch, Speck und Sahne darauf verteilen. Nochmals würzen und den Apfelwein darübergießen. Im Backofen bei ca. 220 Grad 2 Stunden schmoren lassen, die letzte halbe Stunde Deckel abnehmen, damit die obere Schicht bräunen kann.

Rezept: Käte Malcomess

Semmede

Uff jed Dibbche gibt's e Deckelche

Fränkisch-Crumbach ist der zentrale Ort der alten Standesherrschaft Rodenstein. Inmitten des Ortes treffen wir ein reizvolles Schloß an, das heute von der Familie von Gemmingen bewohnt wird. Der Seniorchef der Familie Gemmingen ist gleichzeitig Kirchenpatron der in unmittelbarer Nachbarschaft gelegenen evangelischen Kirche, die aus der Zeit der Gotik stammt. Dort befindet sich das Grabmal des Ritters Hans von Rodenstein, der am Vorabend der Reformation im Jahre 1500 im Alter von 82 Jahren noch als Pilger nach Rom zog und dort verstarb. Sein Grabmal stellt vollplastisch den Ritter in Rüstung und aufgeklapptem Visier dar und gehört zu den besten Steinmetzarbeiten der Hochgotik.

Der Rodensteiner hat in ganz besonderer Weise Niederschlag in der Literatur gefunden. Während Viktor von Scheffel den „alten Herrn von Rodenstein" in studentischen Trinkliedern feierte, der als fröhlicher Zecher in Heidelberg das Familienvermögen vertrank, hielt sich der baltische Dichter Werner Bergengruen mehr an die Erzähltradition und verarbeitete die verschiedenen Sagen in essayistischer Form in seinem Roman „Das Buch Rodenstein". Die Rodensteiner sind 1671 ausgestorben; ihre Burg, zur Ruine verfallen, wurde in den letzten Jahren grundlegend restauriert und ist beliebter Ausflugspunkt für Wanderer, die die Romantik suchen. Den alten Leuten in der Region ist noch eine alte volkstümliche Speise bekannt: Semmede, aus Heidekornmehl (Buchweizen) hergestellt. Das Wort kommt aus dem Mittelhochdeutschen „samet" = beisammen, zusammen. Die Mehlspeise wird zusammen gegessen mit Buttermilch, Dickmilch oder Obst.

Zutaten:

200 g Buchweizenmehl,
0,2 l Wasser,
etwas Fett und etwas Salz

Zubereitung:

Das Buchweizenmehl in kochendes Salzwasser einrühren. Das Mehl nimmt die Flüssigkeit vollkommen auf. Beim Rühren bei milder Hitze mit einer großen Gabel entstehen größere und kleinere Krümel. Nach ca. 10 Minuten die Semmede erkalten lassen. Anschließend in Schmalz oder Butter anbraten. Sie sollen keine Kruste bekommen. Fertig sind sie, wenn sie „wie Nüsse rappeln".

Rezept: Karl Schwinn

Rezept Nr. 3 — Höchst

Wellfleisch mit Sauerkraut

Wie aaner ißt, so schafft er aa

Wurst und Schinken fiel alljährlich bei den Hausschlachtungen im bäuerlichen Betrieb an. Ebenso wichtig waren im Odenwald aber auch die Kartoffeln, die zu Notzeiten ein Überlebensmittel waren. Sie haben hierzulande eine lange Tradition. Im Odenwald, mit seinen weniger ertragreichen Böden, änderte ihr Anbau die Struktur der bäuerlichen Betriebe. Auf den ehemaligen Brachflächen der früher üblichen Dreifelder-Wirtschaft wurden jetzt zusätzliche Ernten erzielt.

Bei der Kartoffelernte waren früher eine Vielzahl an Helfern notwendig, ja Schüler und Kinder mußten mithelfen, weshalb man die Herbstferien auch „Kartoffelferien" nannte. Das Verbrennen des trockenen Kartoffelkrautes, das „Kartoffelfeuer", war für die Kinder ein besonderes Ereignis, wurden doch die ersten frischen Kartoffeln in der Glut des heruntergebrannten Kartoffelfeuers gegart und als Delikatesse gegessen.

Noch heute werden im Odenwald neue Kartoffelsorten gezüchtet: „Böhms Ackersegen", „Allerfrüheste Gelbe", „Sieglinde", „Quarta" und andere Sorten sind in der Bundesrepublik bekannt. Insgesamt soll es 166 Sorten geben.

Zutaten:

1 Stück Schweinebauch, Sauerkraut, Schweineschmalz, Zwiebeln, Dörrfleisch, Wacholderbeeren, Backenfleisch und Würste

Zubereitung:

Schweineschmalz erhitzen. Kleingeschnittene Zwiebeln und Dörrfleischwürfel kurz darin anbraten. Abgewaschenes Sauerkraut aus dem Steintopf zugeben sowie Wacholderbeeren nach Geschmack und garen lassen. Schweinebauch, Schweinebackenfleisch und Schweinewürste in Salzwasser garen und mit dem Sauerkraut servieren.

Rezept: Horst Schnur

Rezept Nr. 4　　　　　　　　　　　　　　　　　　　　　　　　　　　　Brensbach

Speckpfannkuchen

Es werd nix so haaß gesse, wie's gekocht werd

Der Odenwälder wurde im vergangenen Jahrhundert als „ein seltsames Gemisch aus Treuherzigkeit und Pfiffigkeit, gesunder Natur und Grobheit, ehrlicher Einfalt und zurückhaltendem Wesen" beschrieben. Fest steht, daß die Odenwälder ein sangesfrohes Völkchen und der Musik insgesamt sehr zugetan sind. Bekannt waren ehemals die zahlreichen Dorfmusikanten, die zu den Kirchweihen und anderen Anlässen aufspielten, mit Baßgeige, Ziehharmonika, Trompete und der „Gäälerieb", wie man die Klarinette volkstümlich nennt. Ein Original unter den Odenwälder Musikanten war der „Raubacher Jockel", dem mancher Schabernack nachgesagt wird. Dabei machte er auch bei hohen und höchsten Herrschaften nicht halt, sondern behandelte sie als seinesgleichen.

Musikanten mit altertümlichen Instrumenten kann man auch bei historischen Märkten und anderen Gelegenheiten lauschen, oder aber auch in der „Alten Post" in Brensbach, wo der eine oder andere dieser fahrenden Spielleute Rast macht. Ganz bestimmt wird man auf einen Dudelsackpfeifer treffen, dessen Repertoire auch höfische Musik der Renaissance beinhaltet. In der Gemarkung von Brensbach befindet sich das nach einem Erbacher Grafen benannte „Berhardsbrünnchen". Alljährlich wird dort ein Kinderfest gefeiert. Es ist dies die hochherzige Stiftung des im 19. Jahrhundert ausgewanderten Karl Maßer, der 1887 der Gemeinde die stattliche Summe von 1200 Mark spendete, damit von den Zinsen das Fest bestritten werden konnte.

Zutaten:

4 Eier,
250 g Mehl,
½ l Milch,
250 g durchwachsener Speck,
1 Zwiebel,
etwas Salz, Pfeffer,
Butter zum Anbraten

Zubereitung:

Eier mit Mehl, Milch, Salz und Pfeffer verrühren. Speck in Streifen schneiden und anbraten. Zwiebelwürfel darin glasig werden lassen und pfeffern. Butter in einer Pfanne zergehen lassen, ein Viertel vom Speck und den Zwiebeln zugeben und diese mit einem Viertel der Pfannkuchenmasse übergießen. Die Speckpfannkuchen von beiden Seiten goldbraun und knusprig braten und mit gehackter Petersilie überstreuen.

Rezept: Birgit Horn

Rezept Nr. 5 Beerfelden

Grünkernsuppe
Vorne geriehrt
brennt hinne net oo

Der Grünkern kam aus dem badischen Odenwald herüber, wo er von den Landwirten in den Grünkerndarren aufbereitet wurde. Er wird aus dem Spelz gewonnen, einer wetterharten Weizenart. Nach der Überlieferung soll er im nassen Sommer des Jahres 1817 durch Zufall entdeckt worden sein. Als der Spelz nicht reifen wollte, dörrten die Bauern die halbreifen, vom Halm geschnittenen Kolben im Backhaus und erhielten so eine brauchbare Einlage, mit der sie die Wassersuppen etwas „verdicken" konnten.

In den Dörfern des Odenwaldes kann man zwei Hausformen feststellen. Zum einen das Einhaus, wo der Wohnteil auf einem hohen Steinsockel ruht, darunter Ställe und ebenerdige Keller. Der Scheunenteil ist meist an den Wohnteil angebaut. Mit zunehmenden Erträgen aus der Landwirtschaft wurde ab Ende des 18. Jahrhunderts der „große Hof" üblich, Scheunen und Ställe waren in eigenen Baulichkeiten untergebracht. So unterschieden sich die Großbauern von den Kleinbauern, von denen man dann sagte: „Des is'n Kleena, der hot Haus un Schijern beijenonner un de Stall unne drin."

Über den Zustand der Wohnungen berichtet ein Chronist wenig Schmeichelhaftes: „Die Viehställe sind oft in einem besseren Zustande als die Wohnungen. Reinlichkeit ist nicht immer im Hause zu finden, die Fenster werden selten geöffnet, und im Winter wird so stark eingeheizt, daß Eintretende vor Hitze umfallen möchten."

Die große Stube im Erdgeschoß des Hauses war der zentrale Ort, an dem sich die ganze (Groß-)Familie versammelte. Hier wurde nicht nur gegessen, sondern auch gearbeitet, Spinnstube abgehalten, gesungen und getanzt.

Zutaten:
50 g Grünkernschrot,
150 g ganzer Grünkern,
1 mittelgroße Zwiebel,
100 g Butter,
3½ l Fleischbrühe,
½ l Rahm, 1 Ei.

Für die Markklößchen:
100 g ausgelassenes Knochenmark, 3 Eier,
200 g geriebenes Weißbrot,
Salz, Pfeffer, Muskat,
Petersilie

Zubereitung:
Den ganzen ungeschroteten Grünkern am Vortag in Wasser einweichen. Grünkernschrot mit feingeschnittener Zwiebel in Butter hell anrösten. Mit Fleischbrühe und dem eingeweichten Grünkern auffüllen und ½ Stunde schwach kochen. Rahm mit Ei verquirlen und in die Suppe rühren. Mit Salz und Muskat abschmecken. Knochenmark schaumig rühren, Eier, Weißbrot und Gewürze unterrühren. Klößchen formen und ca. 10 Minuten in Salzwasser ziehen lassen. In die Suppe geben, die zum Schluß mit feingeschnittener Petersilie bestreut wird.

Rezept: Otto-Heinrich Sattler

Rezept Nr. 6　　　　　　　　　　　　　　　　　　　　　　　　　　　　Beerfelden

Hochzeitsessen

Gut gefrühstückt hält den ganzen Tag, gut geschlacht' das ganze Jahr,
gut geheiert das ganze Leben!

Das volkstümliche Lied von der schönen Odenwälderin besingt auch das fröhliche Treiben bei einer echten Hochzeit im Odenwald, wo eine Sau geschlachtet wird und wo der Kuchen gleich quadratmeterweise gebacken wurde. Die Hochzeiten waren früher mehr noch als heute ein tiefer Einschnitt im Leben der Landbewohner, welcher sich auch auf die wirtschaftlichen Verhältnisse auswirkte; entsprechend wurde gefeiert, geschmaust, gesungen und getanzt. Zur Ausstattung der Brautleute gehörten eine schmucke Tracht und eine prächtige Brautkrone für die junge Braut.

Die Verwandten und Bekannten steuerten kräftig zur Aussteuer bei. Dabei überbrachte die Patin der Braut, die „Gote", die obligaten Geschenke in einem „Gotekorb", worin Tisch- und Bettwäsche, Geschirr und vor allen Dingen das bändergeschmückte „Gotekissen" nicht fehlen durften. Es war so kräftig mit Federn gestopft, daß man daraus zwei Kissen für das Ehebett der Brautleute herstellen konnte.

Mit der Hochzeit war bei den Bauern oft eine Hofübergabe an die jungen Leute verbunden. Es wurden regelrechte Übergabeverträge abgeschlossen, denn für die Eltern gab es früher noch keine Altersversorgung: Deshalb wurde alles peinlich genau geregelt. Oft haben sie sich noch für eine Reihe von Jahren die Mitbenutzung des Hofes vorbehalten oder ließen sich ein jährliches „Ausgedinge" geben, das bei wohlhabenden Bauern im 19. Jahrhundert in 50-100 Mark an Geld und 15-25 Zentnern Frucht bestand.

Das traditionelle Hochzeitsessen bestand im Odenwald aus der Grünkernsuppe und Rindfleisch mit Meerrettich.

Zutaten:

3 kg gekochte Rinderbrust,
ca. 8 l Wasser,
Lauch, Karotten, Sellerie,
Petersilienwurzel, 2 Zwiebeln,
3 Knoblauchzehen, Salz

Für die Essigzwetschgen:
100 g Zwetschgen,
500 g Zucker, 1 l Weinessig,
3 Stangen Zimt, 20 Nelken

Zubereitung:

Fleisch waschen und in kochendem Wasser aufsetzen. Brühe mehrmals abschäumen und ca. 1 Stunde vor dem Garwerden des Fleisches das Suppengemüse zugeben. Die Zubereitung der Essigzwetschgen: Zwetschgen mit Stricknadel 4mal stupfen. Essig und Gewürze zweimal aufkochen und über die Zwetschgen geben. Noch einmal mit den Früchten aufkochen. Die Essigzwetschgen sind in verschlossenen Gläsern haltbar. Zum Rindfleisch ißt man traditionell frische Meerrettichsoße, die aus in Fleischbrühe eingeweichten Brötchen, geriebenem Meerrettich und Gewürzen gekocht wird.

Rezept: Otto-Heinrich Sattler, Restaurant „Schwanen"

Rezept Nr. 7 Michelstadt

Dunkes

Des is so kloar wie Kleeßbrieh

Kochen war und ist nicht jedermanns oder jederfraus Sache. Spöttisch wird von einer Odenwälderin berichtet, daß, wenn sie Kartoffeln kochte, sie es dem Zufall überließ, ob daraus „Kartoffelschnitz", Kartoffelbrei oder Kartoffelsuppe wurde! Sparsamkeit stand ehemals bei den Odenwälder Hausfrauen an oberster Stelle des Küchenzettels. Nichts durfte umkommen. So wurde z. B. das Kochwasser von den Klößen nicht einfach weggeschüttet, sondern mit einer Einbrenne aus Fett, Zwiebeln und Mehl als Suppe gegessen.

Ein einfaches, aber gern gegessenes Gericht war der „Dunkes", der lange Zeit verpönt war, weil er an vergangene, schlechte Zeiten erinnerte, in den letzten Jahren aber eine wahre Renaissance erfahren hat und etwas verfeinert und angereichert heute als Spezialität in verschiedenen Odenwälder Gasthäusern gereicht wird. Die einfachste Version ist der „Mehldunkes". Das Mehl wurde in einer Pfanne ohne Fett geröstet, bis es braun war. Dann wurde Wasser zugefügt und unter kräftigem Rühren gekocht. Es entstand eine Soße, die mit Pfeffer, Salz und Lorbeer gewürzt wurde. Dazu aß man Pellkartoffeln, die in die Soße „gedunkt" wurden. Deshalb hat das Gericht seinen Namen erhalten. Von Ort zu Ort unterscheiden sich jedoch die Zutaten, mit denen die Speisen angereichert werden. Wie eine alte Odenwälder Küche einmal ausgesehen hat, in der z. B. „Dunkes" gekocht wurde, kann man in Michelstadt im Odenwaldmuseum sehen.

Das Wahrzeichen der Stadt ist das historische Fachwerkhaus aus dem Jahr 1484. Als dominanter Abschluß des langgestreckten Marktplatzes strahlt das Fachwerk bester Zimmermannsarbeit unter dem roten Ziegeldach hervor. Im offenen Untergeschoß wurde ehemals der Markt abgehalten und auch zu Gericht gesessen, während im Fachwerkobergeschoß noch heute die Stadtverordneten des alten Städtchens tagen.

Zutaten:

400 g Zwiebeln,
6 El Essig,
12 El Öl,
etwas Salz und Pfeffer

Zubereitung:

Essig, Öl, Zwiebelwürfel und Gewürze miteinander verrühren. Kartoffeln mit Schale kochen, abpellen und in diese „Dunkes" mit der Gabel oder – wie's früher üblich war – mit der Hand tunken.
Rezept: Ella Kraft

Rezept Nr. 8 — Beerfurth

Äppelküchelche

Selbst essen macht dick

Das Gersprenztal ist bekannt für den Obstbau. Um 1700 kamen sogar Händler aus Mainz und Frankfurt, um hier Winteräpfel für die Städter aufzukaufen. Die Auswahl der Apfelsorten wurde immer größer. Auch andere Obstsorten gingen in den Anbau, so z. B. Erdbeeren in Fränkisch-Crumbach und dann um 1900 im oberen Gersprenztal. Getrocknete Birnen, Zwetschen und Apfelschnitze wurden in „Hutzelkörben" über Land getragen und verkauft.

Daneben lebte man ab dem 18. Jahrhundert auch von der Herstellung und dem Verkauf von Lebkuchen und den „Gäulches". Die Lebkuchenbäckerei wird in vier Betrieben entweder saisonmäßig oder auch das ganze Jahr über ausgeübt. Sie soll aus dem badischen Walldürn am Südostrand des Odenwaldes vor 200 Jahren in das Gersprenztal gelangt sein. In Walldürn nämlich gehörten die dort gebackenen Lebkuchen zu den beliebtesten Mitbringseln der Wallfahrer, die einen Bittgang zum „Heiligen Blut" unternommen hatten. 1909 belieferten fünf Beerfurther Lebkuchenbäckereien 350 Großabnehmer.

Gut florierten auch die kleinen Handwerksbetriebe, die Odenwälder Holzspielzeug herstellten. Um 1900 wurden in 28 Werkstätten Pferdchen, nämlich Schaukelpferde und Rollpferdchen, in größerem Ausmaß angefertigt. Großhändler exportierten diese „Odenwälder Gäulchen" waggonweise nach Hamburg, Köln, Nürnberg, Straßburg, ja bis nach Amerika. Heute ist nur noch die Werkstätte von Adam Krämer in Beerfurth übriggeblieben.

Zutaten:

5–6 Äpfel, 250 g Mehl,
3 Eigelb, 3 Eischnee,
3/8 l Milch,
2 El Zucker, 1 Prise Salz,
etwas Rum oder Rumaroma,
Butter zum Anbraten,
Zimt und Zucker

Zubereitung:

Mehl in die Schüssel geben und eine Mulde drücken. In diese Eigelb, Milch, Zucker, Salz, Rum geben und einen Teig rühren. Eischnee unterheben. Äpfel schälen, entkernen und in ca. 1 cm dicke Scheiben schneiden. Butter in einer Pfanne erhitzen, eine Kelle Teig hineingeben, einen Apfelring darauflegen und wieder mit einer Kelle Teig bedecken. Die Apfelküchele auf beiden Seiten goldgelb backen. Zum Schluß heiß in Zucker und Zimt wenden.

Rezept: Christel Büchner

Rezept Nr. 9 — Erbach

Gänsstebbel

Die Mannsleut dauge nix, so lang se uff Buttermilch beiße kenne
(im hohen Alter oder als Säugling)

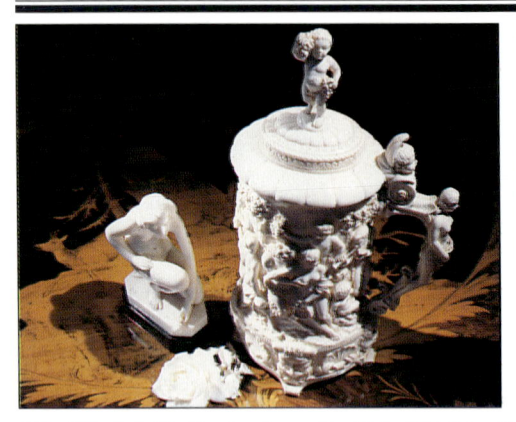

Die Elfenbeinschnitzerei, ein weit über die Grenzen der Region bekanntgewordenes Kunstgewerbe, hat 1775 der Reichsgraf Franz I. zu Erbach-Erbach eingeführt, um der nicht gerade in rosigen Verhältnissen lebenden Landbevölkerung eine erfolgversprechende wirtschaftliche Basis zu verschaffen. Er hatte noch als einer der letzten deutschen Landesherren des Absolutismus, ähnlich wie andere Fürstenkinder seiner Zeit, Unterweisungen im Handwerk des Elfenbeindrehens erhalten.

Das Handwerk des Elfenbeinschnitzens und -drehens kam nur langsam in Schwung, und aus der Anfangszeit wird von „fortwährenden Mißhelligkeiten zwischen Erbacher und Michelstädter Meistern" berichtet. 1783 wurde dann eine eigene Zunft für das Elfenbeinhandwerk gegründet, in deren Statuten als Meisterstücke die Herstellung von zwei Billardbällen und eines Schachspieles gefordert wurden. In der Folge arbeiteten die Elfenbeinschnitzer an allen Dekorstücken und Accessoires, die die jeweilige Zeitmode erforderten. Die zahlenmäßig stark anwachsende Gruppe der Handwerker arbeitete zunehmend für ein breiteres Publikum, nur einige wenige hervorragende Künstler haben sich namentlich hervorgetan. Dazu gehörte der Erbacher Johann Michel, dem die Einführung der „Blumenbroschen" und der „Erbacher Rose" zu verdanken ist. Solche verzierten Broschen wurden ab 1850 für den Massenvertrieb hergestellt.

Viele der im Odenwald hergestellten Kunstwerke aus Elfenbein, aber auch hervorragende Erzeugnisse des Kunsthandwerks anderer Regionen und Länder, sind im Deutschen Elfenbeinmuseum in Erbach zu besichtigen. Sehenswert ist auch die Waffen- und Ritterrüstungssammlung im Erbacher Schloß.

Zutaten:

ca. 250 g Mehl,
ca. 1/4 l Milch,
1 Ei,
etwas Salz,
ein Päckchen Hefe

Zubereitung:

Aus den Zutaten einen festen Hefeteig herstellen. Teig ausrollen und in fingerdicke Streifen teilen, die in fingerlange Stücke geschnitten werden. Die Gänsstebbel etwas mit der Hand rollen und in Fett rundum braten. Man kann sie statt dessen auch in Salzwasser kochen.

Rezept: Marie Fornoff

Rezept Nr. 10 — Reichelsheim

Lammkeule im Heu

Die scheele aa noch klaane Kadoffel

Reichelsheim ist ein schmuckes Dörfchen im Gersprenztal. Auf einer Anhöhe steht die evangelische Kirche, eine ehemalige Wehrkirche mit romanischem Portal. Das Rathaus stammt aus dem Jahre 1554, und die übrigen Gebäude ducken sich im Schatten der Kirche. Auf einem nahegelegenen Berg grüßt Schloß Reichenberg, 1250 angelegt und zur Schutzburg der „Zent" Reichelsheim ausgebaut. Zeitweise war das Schloß Witwensitz des Hauses der Grafen von Erbach.

Eine verwitwete Gräfin, die ihren Wohnsitz im Schloß zugewiesen bekam, konnte sich mit dem Anblick des Galgens der Zent Reichelsheim, der sich auf einer Anhöhe gegenüber dem Schloß befand, nicht anfreunden. Deshalb soll sie angeordnet haben, einen Bau als Sichtschutz dazwischenzusetzen. Als „Krummer Bau" prägt er heute das Erscheinungsbild des Schlosses.

Die Speisegewohnheiten im Schloß waren so ganz anders als in den einfachen Häusern der Landbewohner, wo nicht selten Mangel herrschte. Deshalb nennt der Odenwälder verfeinerte und gekünstelte Speisen ganz einfach „Herrschaftsbosse". Zum Herrschaftsessen gehörte auch die Lammkeule. Von den heute 460 Schafhaltern in Südhessen leben allein 183 im Odenwaldkreis.

Zutaten:

1 Lammkeule mit Knochen (ca. 2 kg),
2 Handvoll frisches Wiesenheu,
50 g Butterschmalz,
50 g Kräuter-Knoblauchbutter,
100 g Zwiebeln, Salz, Pfeffer,
50 g Karotten, 50 g Lauch,
40 g Mehl,
2 Knoblauchzehen,
50 g Butterschmalz,
je 1 Zweig Dost, Quendel, Salbei, Beifuß, Rosmarin, Pfefferkörner, Nelken, Lorbeerblatt, Piment, Senfkörner,
2 Eßlöffel Tomatenmark,
0,3 l Spätburgunder

Zubereitung:

Keule ausbeinen, Fett und Häutchen abschneiden, mit Salz und Pfeffer würzen und im heißen Butterschmalz rundum anbraten. Kräuter-Knoblauchbutter aus Butter, Petersilie, Schnittlauch, Dost, Quendel, Salbei, Zitronenmelisse, Beifuß und Rosmarin zugeben und die Keule darin brutzeln. In einem Bräter das Heu verteilen, Fleisch darauflegen und mit dem Bratfett übergießen. Ca. 2–3 Stunden im Ofen bei ca. 150 Grad garen. Vorsicht, daß das Heu nicht verbrennt!

Knochen im Butterschmalz anbraten, kleingeschnittenes Wurzelgemüse zugeben und mitbraten, Kräuter und Gewürze zufügen und mit etwas Wasser angießen. Flüssigkeit mehrmals reduzieren und angießen, zum Schluß mit Mehl bestäuben und mit Wein und 1 l Wasser ablöschen. Soße gut durchkochen und ca. 2 Stunden ziehen lassen.

Rezept: Armin Treusch, „Restaurant Treusch im Schwanen"

Heidemehlsklöß und Birnschnitz

Viele der im Odenwald noch heute lebendigen Geschichten und Schnurzen beschäftigen sich mit dem Thema Essen und Trinken, das bekanntlich Leib und Seele zusammenhält, aber auch mit dem Kirchgang, der früher zu den sonntäglichen Pflichten aller Hausgenossen zählte. Nur die Bäuerinnen waren ausgenommen, die zu Hause das Sonntagsmahl zubereiten mußten. Dazu gehörte auch die Angelika, die im Dorf unter dem Namen „die alte Engel" bekannt war. Sie kam nur selten zur Kirche. Schuld daran war ihr Ehemann, der Christian, der als starker Esser und Feinschmecker bekannt war. Alle Speisen, die sein Engel im Laufe der Woche zubereitete, mußte er gründlich versuchen und probieren. Nichts war sicher vor ihm.

Kam die Engel mit dem Kirchgang an die Reihe, dann verschlang Christian beim Abschmecken des Kartoffelsalates ein gutes Viertel der harten Leberwurst, die für besondere Festtage in der Räucherkammer aufbewahrt wurde. Deshalb war die Engel bei ihrem Kirchgang immer von einer inneren Unruhe gequält. An diesen Tagen erhielt Christian immer Belehrungen über menschliche Schwäche und über die Sünden des Fleisches. Ihr letztes Wort vor dem Kirchgang: „Christian, daß du mir das Fleisch in der Suppe nicht ißt!"

Aber die mißtrauische Seele der Engel fand auch in der Kirche keine Ruhe. Und als einmal der Pfarrer als Text seiner Predigt die Geschichte von der „Speisung der Fünftausend" verlas, mußte sie an ihren Christian denken. Kaum war der Schlußvers verklungen, eilte sie stracks nach Hause, wo sie ihren Mann mit Unschuldsmiene in der Küche fand.

Mißtrauisch hob sie den Suppendeckel und suchte nach dem Fleisch. Nichts, aber auch gar nichts mehr war davon vorhanden. Ergrimmt stampfte sie mit dem Fuß auf den Boden und schrie ihren Ehemann an: „Ich hab mir's doch gleich gedenkt, wie der Pfarrer den Text verlesen hat: Mein Christian frißt das Fleisch und läßt mir nur die Brüh. Aber wart', du alter Näscher, ich werd'd dich lehren." Seitdem gab es bei Christian an den Sonntagen, an denen die Engel zur Kirche ging, das ganz alte Odenwälder Sonntagsessen: Heidemehlsklöß und Birnschnitz, auch wenn der Christian das ganz und gar nicht gern mochte.

Die Nachbarsleute aber, denen der wahre Grund für den mageren Küchenzettel bei Christian nicht verborgen blieb, sangen bald einen Spottvers: „Birnschnitz und Klöß machen den Christian bös. Hätt' er nicht das Fleisch gefressen, könnt' er heut noch Fleischbrüh essen."

Friedrich Höreth
Aus dem „Kasseler Sonntagsblatt"

VII Schlemmereien im Gießener Land

Das Gießener Land liegt im geographischen Mittelpunkt des Ferienlandes Hessen. Ein Drittel ist mit Wald bedeckt. Die typische Mittelgebirgslandschaft, geprägt von Gladenbacher Bergland, Vogelsberg und Hintertaunus, wird von den Tälern der Lahn, Lumda, Salzböde, Wieseck, Wetter, Horloff und des Kleebachs durchzogen.

Alle Gemeinden sind durch den öffentlichen Nahverkehr mit Bahn oder Omnibussen erschlossen.

In den 18 Städten und Gemeinden des Landkreises Gießen bieten zahlreiche Burgen, Schlösser, ehemalige Klöster einen Einblick in die Geschichte, der durch eine Vielzahl von Museen ergänzt wird. Mittelalterliche Ortskerne sind Fundgruben für Liebhaber des Fachwerkbaues. Wanderer und Radfahrer finden ein dichtes Netz von landschaftlich reizvollen Wegen.

Über 100 Beherbergungsbetriebe, zwei Jugendherbergen und fünf Campingplätze laden ein. Zwei Luftkurorte, staatlich anerkannte Erholungsorte verfügen über Unterhaltungs- und Sportmöglichkeiten.

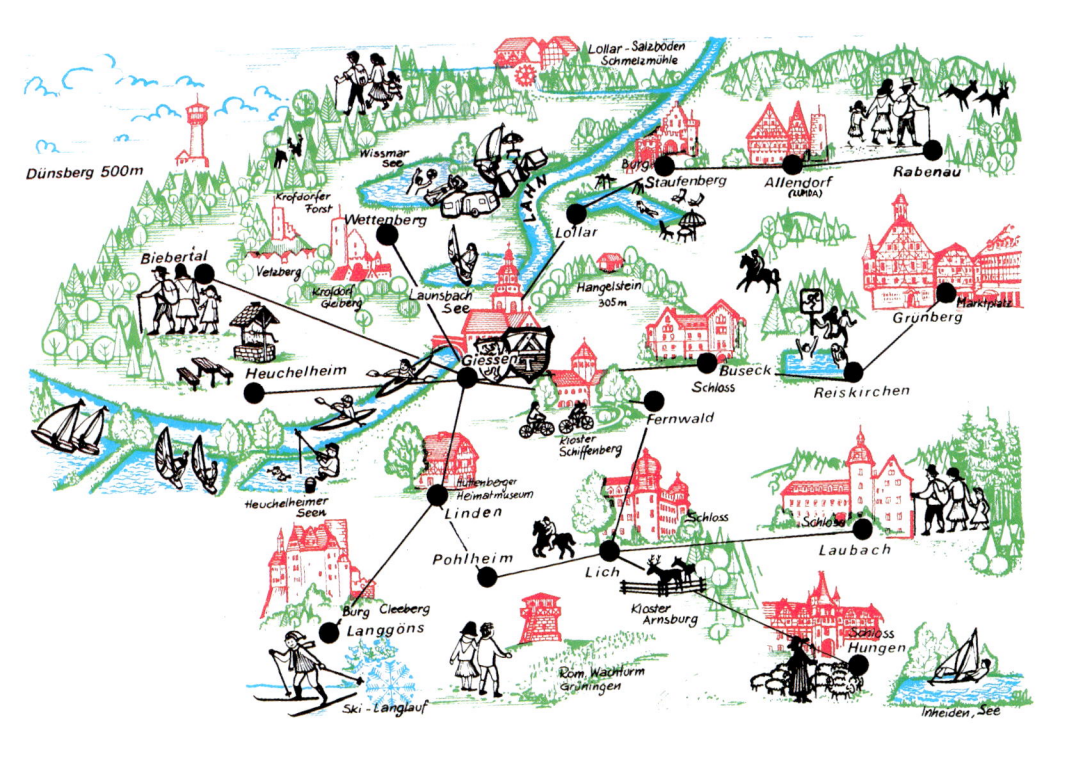

Das Land an der Lahn.

„Woas gebt's dann se eäße?
Ei Sopp, Gemois
un Dellerflaasch."

Damit ist sie eigentlich auch schon charakterisiert, die Küche in der Umgegend von Gießen, wie man sie im 18. Jahrhundert poetisch umschrieben hat. Hier herrscht im traditionellen Speiseplan das Deftige und Kräftige vor, was auch ohne Umschweife gesagt wird: „Der Satz dreff's off de Kopp genau: D's Best om Säukopp is die Sau!" Ja selbst die Kuchen mit ihren verführerischen Auflagen besitzen meist eine derbe Unterlage aus Brotteig. Und so sind wohl auch die Menschen in der Region: bodenständiger Unterbau, kernige Mundart mit treffsicherer Beurteilung der jeweiligen Situation, dennoch individuell in ihren Charaktereigenschaften.
Die Region um Gießen zeigt gewissermaßen im Brennglas die Verschiedenheiten der hessischen Landschaften auf engem Raum vereinigt: Die Universitätsstadt und Verwaltungszentrum als wirtschaftlicher und industrieller Ballungsraum in Mittelhessen, weite, fruchtbare Ebenen mit wogenden Kornfeldern und saftigem Weideland, karges, sprödes Mittelgebirge, alles ist vorhanden, wenn auch nicht im Überfluß. Winckelmann stellte schon im 18. Jahrhundert fest, daß die Länder besonders gut sind, deren Erzeugnisse mit W. anfangen. „Hessen hat zwölf W beisammen, während andere Länder eins oder des anderen ermangeln: Wasser, Weid, Weizen, Wein, Weiden, Wiesen, Weiher, Wolle, Werk (Flachs), Wälder, Wild, Wurst." Und der Reiseschriftsteller Carl Julius Weber fügt 1828 hinzu: „Das beste tut der Fleiß und die Genügsamkeit des Volkes. Es liebe Kraut und Rübe, Erbse und Bohne, Brei und Kartoffel – Butterbrot und Doppel-Kümmel!" Michaele Scherenberg und Karl-Heinz Stier folgten den Spuren der beiden Schriftsteller und erkundeten das Land an der Lahn mit einem Kleinschnittger aus den 50er Jahren, einem Aluminium-Auto, von dem in Arnsburg im Sauerland knapp 3000 Exemplare hergestellt wurden.

Rezept Nr. 1 — Biebertal

Zuckerplatz

*Weiwerläib cann soiße Wei'
kenn' leicht moann schu Essig sei.*

Östlich von Gießen, unterhalb des Dünsberges, liegt das Biebertal, wo die Natur im Frühjahr abertausend Obstbäume erblühen läßt, im Sommer und Herbst dann reiche Ernten beschert. Hier war vor allem früher reiches Bauernland: Die breitgelagerten Höfe mit zahlreichen Wirtschaftsgebäuden und zierlichem Fachwerk künden davon. Der Erzbergbau in früheren Jahrhunderten verschaffte dieser Region und ihren Bewohnern solide Wohlhabenheit. Wie die Bauern früher auf ihren Höfen lebten, erfährt man im Bauern-Museum auf Hof Haina. Hier ist aus Familientradition, Sammeleifer und unüberbietbarem Engagement ein einmaliges kulturelles Zeugnis einer vergangenen Epoche, einer Region, entstanden. „Angefangen hat die ganze Sache mit einem alten Quittungsbuch. Daraus ging hervor, daß in den Jahren 1798 bis 1836 die Familie Schneider von Hof Haina am Martinitag Pacht und Zins in das nahegelegene Schloß Königsberg abgeliefert hatte", berichtet Gisela Kraft-Schneider. Sie hat den alten mittelhessischen Dreiseithof aus dem 16. Jahrhundert ausmachen und vor zwanzig Jahren erwerben können. In mühevoller Klein- und Detailarbeit hat sie den Hof und das Haus mit all den Dingen eingerichtet, die vor etwa 150 Jahren dort Verwendung fanden: gediegene Stuben und Kammern mit kräftigen Tischen und derben Stühlen, prunkvollen Himmelbetten, Gerätschaften für die täglichen Hantierungen der Hausfrau – ein Ort der Begegnung mit altem bäuerlichen Kulturgut. Das Museum kann besichtigt werden nur gegen vorherige Anmeldung (Gisela Kraft-Schneider, Tel. 06 41/5 14 87).

Zutaten:

(Für 1 Kuchenblech)
ca. 400 g Brotteig,
ca. 40 g Weizenmehl,
250 g Schmand, 5 El Öl,
250 g Mehl, 125 g Butter,
100 g Zucker

Zubereitung:

Brotteig mit Weizenmehl verkneten und dünn auf gefettetem Blech ausrollen. Schmand mit Öl verquirlen, auf den Teig streichen. Streusel aus Mehl, Butter und Zucker kneten und auf die Schmandmasse geben. Kuchen bei 200 Grad ca. 25 Minuten backen, etwas abkühlen lassen und Zucker darüberstreuen. Warm schmeckt der Zuckerplatz am besten!

Rezept: Toni Mathes

Rezept Nr. 2   Fernwald

Hummelhoink

Eäß neat so viel Hoink,
doas gebt scheäppe Absätz!

Im Land an der Lahn gab es aber nicht nur Gegenden, die von der Natur bevorzugt und mit reicher Fülle gesegnet waren. In den bergigen Gegenden nordöstlich hatte die Bevölkerung um eine einträgliche Existenz zu kämpfen. Im Jahre 1801 unternahm der Reiseschriftsteller J. J. Baggesen einen Abstecher in diese Region und stellte fest: „Wir kamen durch Fruchtbäume und reiche Kornfelder hin; rings um uns herum unzählige Dörfer, deren Mädchen sich durch niedliche Füße auszeichneten." „Die Männer und Knechte schienen überhaupt lange nicht so sehr an Landarbeiten teilzunehmen wie die Weiber." Grund dafür war, daß die Männer aus wirtschaftlicher Not einem Beruf außerhalb der Landwirtschaft nachgehen mußten. Auch die Kinder wurden schon früh zur Feld- und Stallarbeit herangezogen. Hier waren sie, nachdem Kinderarbeit in den Werkstätten und Fabriken untersagt worden war, billige oder gar kostenfreie Arbeitskräfte.

Vielfach wurde den Kindern aus ärmeren Familien eine kräftige Mahlzeit in den Arbeitspausen gereicht – und das bedeutete schon sehr viel. Auf die Essenspausen bei der Feldarbeit freute man sich. Da gab es (Gersten-)Kaffee, kräftiges Bauernbrot und als Aufstrich meist Pflaumenmus, hier „Hoink" genannt. Wegen ihrer Vorliebe zum Pflaumenmus `nennt man noch heute die Anneröder Bevölkerung die „Annerärer Hoinkbärd" (Honigbärte), und zwar deshalb, weil man in das „Hoinkbrot" bis über beide Ohren hineinbiß!

Wenn es zum Pflaumenmus nicht reichte, gab es „Hummelhoink", der aus Löwenzahn gekocht wird. Warum man gerade auf den Löwenzahn verfiel, läßt sich nur schwer ausmachen; vielleicht deshalb, weil er in der Volksmedizin eine herausragende Rolle gespielt hat.

Zutaten:
3–4 Handvoll Löwenzahnblüten,
1,5 kg Zucker,
Saft von 2 Zitronen,
2 l Wasser

Zubereitung:
Löwenzahnblüten in Wasser aufkochen und abgießen. Die heiße Brühe mit Zucker und Zitronensaft verrühren und mindestens 1½ Stunden kochen, bis die Flüssigkeit sirupartig ist. Den Hummelhoink, der in Geschmack und Farbe dem Bienenhonig ähnelt, heiß in Gläser abfüllen.

Rezept: Gerda Schäfer und Käti Krutzina

Rezept Nr. 3 — Buseck

Kartoffelsalat mit Kraut

*Aus er schiene Scheffel
kann mer sich net soat easse*

Bei der bäuerlichen Arbeit auf dem Feld durfte der Frühstückskorb nicht fehlen. Er war immer gefüllt mit wohlschmeckenden, kräftigen Speisen. „Bei der Kartoffelernte wurde gegen zwölf Uhr gefrühstückt und nachmittags Kaffee getrunken", berichten die Gewährsfrauen aus Annerod und aus dem Busecker Tal. Dem Kaffee waren besonders die Frauen zugetan, reimt doch die Mundartdichterin Margarethe Ott aus Ruttershausen:

„Do eas kee Weiwerkrenzche,
de Kaffie muß ebei,
de meeste eas e läiwer
als wäi en gure Wei."

Der Frühstückskorb war mit einem sauberen Tuch zugedeckt. Das Tuch wurde auf dem Boden ausgebreitet und alles, was im Korb war, daraufgelegt: ein ganzes Brot, alle Sorten Hausmacherwurst.
Ganze Würste wurden da ausgepackt, es sollte doch nicht zu knapp sein, denn zu dieser Jahreszeit und bei der schweren Arbeit, dazu die frische Luft, entwickelte sich ein kräftiger Appetit.

Die Landfrauen wissen aber auch von den entbehrungsreichen Jahren der Nachkriegszeit zu berichten, in denen Lebensmittelrationen zugeteilt wurden. Damals waren die Kartoffeln sehr begehrt, und die Hungrigen gingen nachts auf die Felder und buddelten sie aus. Dabei richteten sie oft großen Schaden an, weil sie nur die dicken Knollen mitnahmen. Um das zu verhindern, gingen die Bauern nachts immer zu zweit auf Streife!
Es sind also nicht nur die schönen und sentimentalen Geschichten aus der vermeintlich guten alten Zeit, die unser Interesse verdienen. Damit dieses und anderes nicht vergessen geht, haben die Landfrauen in ihren Zusammenkünften und Bildungsabenden Erzählrunden eingerichtet und schreiben dies und das auf. Die Landfrauenorganisationen in Hessen betreuen in rund 800 Ortsvereinen 45.000 Mitglieder mit einem umfassenden Angebot zur Erwachsenenfortbildung im ländlichen Raum.

Zutaten:

(Für 4 Personen)
1 kg fest kochende Kartoffeln,
1 kleine Zwiebel, 2 El Essig,
2 El Öl, Salz und Pfeffer,
100 g Speck, ½ Tl Mehl,
eine Messerspitze Senf,
¼ l Brühe aus Brühwürfel,
500 g Weißkraut,
4 El Öl

Zubereitung:

Kartoffeln kochen, schälen, in dünne Scheiben schneiden. Zwiebel klein würfeln, mit Öl, Essig, Gewürzen und ausgelassenen Speckwürfeln unter die Kartoffeln heben. Im Speckfett aus Mehl, Senf und Brühe dünne Mehlschwitze bereiten und unter den Salat mengen. Fein gehobeltes Weißkraut mit Öl in Pfanne glasig dünsten und warm unter den Kartoffelsalat heben.

Rezept: Elisabeth Lepper, geb. Döpp

Griebenzettel

*Wecksopp, Flaasch und Hirsebrei,
eaßt mer un trinkt Bier derbei!*

Linden gehört zu den Dörfern des Hüttenberges, einer Landschaft zwischen Gießen, Wetzlar und Butzbach. Hier wird noch von den Frauen der älteren Generation die überlieferte Tracht mit der prägenden Haarfrisur, dem „Schnatz", getragen. Das Haar ist straff angespannt, in zwei Strähnen geteilt, spiralförmig zusammengedreht und nach vorne zu einem Nest zusammengelegt. An den Schläfen entstehen hohe Ecken, die „Platten". Ein „Haarbändel" hält die Haare zusammen. Darunter wird die „Haarnadel", ein beinerner Haarpfeil, durchgesteckt, dessen Enden rechts und links aus dem Schnatz hervorragen!

Die Wahl der kostbaren Stoffe und der Auszier verraten etwas von der Wohlhabenheit der stolzen Bauerngesellschaft. Die Röcke sind aus feinstem Tuch und werden durch den dicken Wulst des Mieders gehalten. Jacken (Motzen) und Schürzen sind bei festlichen Anlässen aus bester Seide oder gar Samt gearbeitet. Die Festtagstracht der Mädchen wies früher einen großen Prunk in bunten, breiten Schürzenbändern und Brustschleifen auf, die zudem noch mit Flitterwerk bestickt waren. „Wer lang hat, kann lang tragen", hieß es. Gemeint waren die breiten, langen Bänder, die nur von den Töchtern der wohlhabenden Bauern getragen wurden. Außerordentlich prunkvoll war aber die Kleidung der Hüttenberger Braut mit dem „Aufgebinde" und dem „Hang", dem prächtigen Kopfputz mit den Ohrenschleifen aus Silberborten und Flittern. Die letzte Trachtenhochzeit im Hüttenberg, die den ganzen Staat und Prunk zeigte, gab es 1938. Heute kann man diese einmaligen Kostüme im Heimatmuseum im ehemaligen Rathaus von Leihgestern bewundern.

Zutaten:

(Für 1 Kuchenblech)
*500 g Mehl, 1/4 l Milch,
20 g Hefe, 75 g Zucker,
100 g Butter, 1 Prise Salz,
150 g Grieben*

Zubereitung:

Hefeteig kneten. Erwärmte Grieben durch den Fleischwolf drehen und in den Hefeteig geben. Teig ausrollen und in beliebig große Stücke („Zettel") schneiden. Die Griebenzettel gehen lassen, mit Eigelb bestreichen und hellbraun backen. Für Kinder kann man sie auch vor dem Backen mit Zucker bestreuen.

Rezept: Elisabeth Müglich und Hiltrud Wagner

Rezept Nr. 5 — Grünberg

Zwiebelkuchen

Se saare naut,
se easse als

Über die Bewohner des hiesigen Bezirks fand ein Chronist um das Jahr 1820 diese charakterlichen Grundzüge: „Biederkeit, strenge Redlichkeit, Gemütlichkeit und Gastfreundschaft".
„Woas eawes en Kearl eas, eas en Owwerheff", sagt man heute noch selbstbewußt. Kernig, eckig und für Auswärtige roh erscheint die Mundart der Region.

„De Owwerheff' -
sei Sprooch eas deftich,
der moahnt doas
goarneat immer so.
Sei Ausdrick -
sei se aach goar kräfdich,
däi hirn sich nur so gaschdisch o."

So reimt beschwichtigend Emil Winter in seinem oberhessischen Lesebuch.
Was man aber in der Region allenthalben findet, ist das Beharren am Überlieferten und die liebevolle Pflege des Überkommenen. Grünberg ist eines der frühen Beispiele gelungener Stadtsanierung und -erhaltung. Das merkt man erst richtig, wenn man auf dem breitgelagerten großen Marktplatz steht. Das dominante Rathaus wurde 1586 für 2.000 Taler erbaut. In zierlichem Fachwerk nimmt es Renaissanceformen auf. Aber nicht nur wohlerhaltene Altstadtbilder erfreuen den Besucher. Ein bemerkenswertes Dorf ist Lehnheim, die älteste Siedlung der Gegend. Hier ist noch ein Backhaus in Betrieb, in dem auch heute noch gebacken wird.

Zutaten:

(Für 1 Kuchenblech)
1 Pfund Brotteig,
2 Pfund Zwiebeln,
Butterschmalz,
Salz, Pfeffer, Kümmel
nach Geschmack,
Schmand und Dörrfleisch
nach Geschmack

Zubereitung:

Brotteig vom Bäcker auf gefettetem Backblech ausrollen. Zwiebeln in feine Scheiben schneiden, in Butterschmalz andünsten. Zum Ablaufen auf einen Durchschlag geben, mit Salz, Pfeffer und Kümmel würzen. Brotteig mit Schmand bestreichen, Zwiebelmasse daraufgeben und mit gewürfeltem Dörrfleisch bestreuen und den Zwiebelkuchen backen.

*Rezept: Karin Kühn
von den Landfrauen
Lehnheim-Stangenrod*

Rezept Nr. 6 — Laubach-Freiensen

Krautkuchen

Uhne Speck cann Bruut,
eas die Läib baal duut!

Das Residenzstädtchen Laubach wird bereits 876 im „Brevarium Lulli", dem Verzeichnis des Erzbischofs Lullus über die Besitzungen des Klosters Hersfeld, erwähnt. 1405 wird die Ansiedlung „Stadt" genannt, und 1508 verlieh Kaiser Maximilian die Marktrechte. 1548 entstanden die selbständige Reichsgrafschaft Solms-Laubach und das Schloß mit einem ausgedehnten Gebäudekomplex.

Dem Grafen von Solms-Laubach machen die Bewohner noch heute Ovationen, besonders zum „Laubacher Ausschuß", einem Volksfest mit militärischer Tradition. Bevor 1806 die Grafen ihre Souveränität verloren, war dies ein wirkliches Manöver mit abschließendem Wettschießen, wobei der beste Schütze einen Hammel als Trophäe erhielt. 1844 wurde das Fest neu belebt. Gasthäuser werden zu Wachlokalen, Kommandos nach altem Reglement ertönen, und im Schloßhof wird dem Grafen Meldung erstattet, der wiederum in einer „Fensterrede" antwortet.

Er stiftet traditionsgemäß auch den Hammel, der beim Preisschießen ausgelobt wird. So devot waren die Bewohner des Landes jedoch nicht immer vor Ihrem Herrn. In Freiensen, wo noch heute die Löbsackmühle steht, ließ 1596 Graf Johann Georg den Seenbach umleiten und entzog dem Müller aus dem „Kreuzseener Grund" die Existenzgrundlage. Dieser zog nach Wien, wo er Kaiser Rudolph II. sein Anliegen mit Nachdruck vortrug. Sein Mut wurde belohnt, der Kaiser erklärte ihm: „Müllerchen, reise er ruhig zurück. Bevor er wieder nach Hause kommt, wird seine Mühle wieder klappern!"

Zutaten:
(Für 1 Kuchenblech)
1 mittelgroßer Weißkrautkopf,
½ kg Hackfleisch,
½ kg Dörrfleisch,
1 Zwiebel,
1 eingeweichtes Brötchen, 1 Ei,
Salz, Pfeffer, Muskat, Nelken,
Majoran,
Speck nach Belieben

Zubereitung:
Kraut kleinschneiden und in Salzwasser abkochen. Kraut mit Zwiebel durch den Wolf drehen oder grob hacken. Hackfleisch, durchgemahlenes Dörrfleisch, Ei, ausgedrücktes Brötchen und Gewürze dazugeben und gut durchmischen. Die Masse auf einem geölten Backblech verteilen. Speck in dünne Scheiben schneiden und obenauflegen. Den Krautkuchen bei 220–250 Grad ca. 1 Stunde braun backen. Dazu gibt es Pellkartoffeln.
Rezept: Gesangverein Liederkranz

Rezept Nr. 7 — Heuchelheim

Schalet

Mach, däeß de heemkimmst, bei Modder hodd off em Kochläffil gepeaffe!

In den Metzgerläden hat man früher nur frische Wurst gekauft. Dauerhafte, geräucherte Wurst und eingepökeltes Fleisch wurden durch die früher verbreitete Hausschlachtung in den Häusern vorrätig gehalten. Das setzte eine ausgeprägte Viehhaltung voraus. Jede Gemeinde hatte ihren eigenen Kuh- und Schweinehirten. Masttiere wurden verkauft, der Handel lag vielfach in den Händen der Landjuden, die im 19. Jahrhundert in Oberhessen einen nicht unerheblichen Teil der ländlichen Bevölkerung ausmachten. Sie ließen sich um die Jahrhundertwende in den Städten nieder, wo sie Ladengeschäfte betrieben. Das nicht immer unproblematische Miteinander von Juden und Christen hat jedoch auch Wechselwirkungen in den Lebensgewohnheiten gehabt. So ist das typische jüdische Gericht „Schalet" von den christlichen Nachbarn aufgenommen worden und wird heute noch gern gegessen: Nur die wenigsten Zeitgenossen wissen, daß es sich hier um eine – wenn auch spärliche – Erinnerung an die ehemaligen jüdischen Mitbürger handelt, deren sonstige kulturelle Zeugnisse durch den grauenhaften Exodus der Nazidiktatur ausgemerzt sind.

Im Heimatmuseum in der Gemeinde Heuchelheim werden dörfliche Zeitzustände festgehalten, wie z.B. ein „Tante-Emma-Laden", zahlreiche Handwerke, wie die Schuhmacherei, die Konfektionsschneiderei, die Zigarrenmacherei, die Schriftsetzerei im Handsatz, sowie die verschiedenen Tätigkeiten der Eisenbahner, die bei den ehemals zahlreichen Kleinbahnen tätig waren. Die Öffnungszeiten sind zu erfragen beim Museumsleiter Emil Winter, Tel. 06 41/6 14 29.

Zutaten:

(Für 4 Personen)
1 kg Kartoffeln,
3 altbackene Brötchen,
4 Eier, 1 große Zwiebel,
1 Tl Salz, Pfeffer, Muskat,
1 geräucherte Bratwurst,
evtl. Dörrfleisch

Zubereitung:

Kartoffeln schälen und grob reiben. Altbackene Brötchen in Wasser einweichen, ausdrükken und zu den Kartoffeln geben. Eier, grob gehackte Zwiebel, Gewürze und gewürfelte Bratwurst unter die Kartoffelmasse mischen. Alles in eine gefettete Auflaufform füllen, evtl. mit Dörrfleischwürfeln bestreuen und bei 200 Grad ca. 1 Stunde backen.

Rezept: Bergit Feller und Sigrid Wiegand

Rezept Nr. 8 — Gießen

Quer durch de Garte

Breng aach noch e Büschelche Petersilie met, ean vergeäß neat, deäß do aach e bißche Bauchlappe oawwer Dirrflaasch dro muß

Gießen hat seit 1248 Stadtrechte und ist die eigentliche Hauptstadt Oberhessens. Lange war sie in der hessen-darmstädtischen Zeit Regierungssitz der Provinz Oberhessen. Heute wird von hier der Regierungsbezirk Gießen verwaltet. Die Stadt und die Region haben sich zu einem Industrie- und Wirtschaftszentrum entwickelt. 1607 wurde die hessische Landesuniversität gegründet, eine der ältesten Universitäten Deutschlands.

Ein bedeutender Vertreter der Forschenden und Lehrenden an der Gießener Universität ist Justus von Liebig, sein Laboratorium ist als Grundstein der deutschen Chemie anzusehen. Er hat durch die Erfindung des nach ihm benannten Fleischextraktes dem hungernden und notleidenden Industrieproletariat in der zweiten Hälfte des 19. Jahrhunderts geholfen.

Die Gießener Universität als Gründung der Landgrafen von Hessen-Darmstadt stand schon immer im gesunden Wettstreit zu der 1527 von Philipp dem Großmütigen eingerichteten Universität in Marburg. Von den hiesigen Studenten wird um 1800 berichtet, sie stünden „im Rufe, ebenso ausschweifend zu sein, als die in Marburg sittsam sind".

Ein Markttag in Gießen lohnt sich! Rund um das alte Schloß stehen die Stände der Bauern aus dem Umland, der Metzger und Bäcker, vereint mit Händlern, ausländischen Mitbürgern, die so manch reizvollen Kontrast von Oliven, Schafskäse und Hammelfleisch zum angestammten Hüttenberger Handkäse, zu Butter und Eiern, Obst und Gemüse gebracht haben.

Wer über keinen eigenen Garten verfügt, braucht auf das kräftige Gericht „Quer durch de Garte" nicht zu verzichten: mittwochs und samstags bietet der Gießener Wochenmarkt alle Zutaten gartenfrisch.

Zutaten:

(Mengen nach Belieben)
Gartengemüse (Wirsing, Kohlrabi, Karotten, Erbsen, Bohnen, Blumenkohl, Lauch, Sellerie, Petersilie), Kartoffeln, Salz, Pfeffer, Bratwurst, Dörrfleisch, Zwiebel, Butter, etwas Mehl

Zubereitung:

Gartengemüse putzen, waschen, kleinschneiden. Kleingeschnittenes Dörrfleisch anbraten, Gemüse zugeben, würzen, mit Wasser auffüllen (so dünn, wie man die Suppe haben mag), Bratwurst oder Kartoffelwurst hineinlegen und alles gar kochen. Zwiebeln kleinschneiden, in Butter goldgelb rösten, eine Mehlschwitze zubereiten und in die Suppe geben.

Rezept: Elke Hofmann

Rezept Nr. 9 Hungen

Gefüllte Lammschulter

**Damuol geschloacht'
eas besser wäi zwaamuol Hoink gekocht**

Hungen ist eine kleine Stadt im östlichen Teil der Landschaft des Gießener Raumes. Ehemals eine Klostervogtei, fiel sie an die Herrschaft der Münzenberger, später an die Grafen von Solms. Kaiser Friedrich III. stattete die Ansiedlung 1469 mit Marktrechten aus, die Stadt erhielt eine Mittelpunktfunktion in der Region. Durch Erbteilung der Solms-Braunfelser Linie entstand im Jahre 1602 für fast 100 Jahre die selbständige Grafschaft Solms-Hungen. Aus dieser Zeit stammt auch das 1604 in den Formen der Renaissance umgebaute Schloß. 1806 wurde Hungen schließlich hessisch.

Seit 1922 wird hier alle zwei Jahre der „Schäfertag" ausgetragen. Bereits vor Jahrhunderten gab es in den hessen-darmstädtischen Landen Schäferzünfte und in der Herrschaft Solms-Braunfels schon im 18. Jahrhundert Schäferverbände. Die Schafe waren ehemals nicht nur wegen ihrer Wolle begehrt. Auch für die Düngung der Äcker waren die Herden wichtig, denn Schafsmist besitzt einen hohen Dungwert. Die Bauern lassen deshalb gerne die Schäfer mit ihren Herden auf ihre Äcker. Als Ende des 19. Jahrhunderts die Wolle billig aus dem Ausland eingeführt werden konnte, verlor sich das Interesse an der heimischen Schafzucht. Um diesem Erwerbszweig wieder Ansehen zu verschaffen, wurde der Schäfertag ins Leben gerufen.

In seiner heutigen Form dauert er drei Tage. Am jeweiligen Festsamstag findet ein „Landesleistungshüten" statt mit Siegerehrung und verschiedenen Informationsveranstaltungen über die Schafzucht. Der Festsonntag beginnt mit einem Hirtengottesdienst. Ihm folgt der zentrale „Schäferlauf" mit der Krönung des „Schäferkönigspaares". Die Schafhaltung ist heute wieder im Aufwärtstrend. Etwas mehr als viereinhalbtausend Schafhalter besitzen über 150.000 Tiere.

Aus der Schäferstadt Hungen gibt es natürlich ein Lammrezept!
Das Rezept stammt von Stephan Gütlich.

Zutaten:

*(Für 4 Personen)
1000–1200 g Lammschulter,
500 g Schweinehack, 150 g Sahne, 2 Eier, 2 Tomaten,
Salz, Pfeffer, Knoblauch,
Rosmarin, Estragon, Petersilie,
Majoran, Zitronenmelisse,
je ¼ l Brühe und Rotwein,
600 g Wurzelgemüse (Zwiebel, Sellerie, Karotten, Lauch)*

Zubereitung:

Lammknochen auslösen, Tasche einschneiden. Hack, Sahne, Eier, Tomaten, Gewürze und die Hälfte der grob gehackten frischen Kräuter mischen und in die Fleischtasche füllen. Lammschulter von außen mit dem Rest der Kräuter, Salz, Pfeffer und Knoblauch würzen. Fleisch in Griebenfett ausbraten, mit Fleischbrühe und Rotwein auffüllen und ca. 30 Minuten ziehen lassen. Grob geschnittenes Wurzelgemüse zugeben, etwas Rotwein nachgießen und 20 Minuten ziehen lassen.

Rezept Nr. 10 — Kloster Arnsburg

Fisch mit Kräutern

En leere Dopp om meerschde klappert,
en leere Kopp om meerschde plappert!

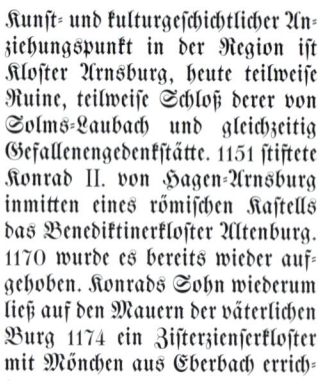

Kunst- und kulturgeschichtlicher Anziehungspunkt in der Region ist Kloster Arnsburg, heute teilweise Ruine, teilweise Schloß derer von Solms-Laubach und gleichzeitig Gefallenengedenkstätte. 1151 stiftete Konrad II. von Hagen-Arnsburg inmitten eines römischen Kastells das Benediktinerkloster Altenburg. 1170 wurde es bereits wieder aufgehoben. Konrads Sohn wiederum ließ auf den Mauern der väterlichen Burg 1174 ein Zisterzienserkloster mit Mönchen aus Eberbach errichten.

Die Klosteranlage wird wegen ihrer „unverfälschten zisterziensischen Waldeinsamkeit" gerühmt. Die klösterlichen Haupt- und Nebengebäude gruppieren sich um die frühgotische Kirche, die 1812 zum Abbruch freigegeben wurde, bis die großherzoglich hessen-darmstädtische Denkmalpflege dem Treiben Einhalt gebot. Doch auch als Ruine verfehlt der eindrucksvolle Kirchenbau seine sakrale Wirkung nicht. In der ehemaligen Klostermühle ist heute ein Restaurant eingerichtet. Das Gericht „Fisch in Kräutern", das hier vorgestellt wird, erinnert an die mönchische Tradition.

Gerade der Klerus hat die schmackhafte Zubereitung der Fischspeisen kultiviert. Nicht von ungefähr berichtet der churfürstlich Maintzische Mundtkoch Marx Rumpold in seinem 1581 in Frankfurt gedruckten Kochbuch: „Von Fischen kann man auff mancherley art und weise herrliche und köstliche Speise zurichten."

Zutaten:

(Für 4 Personen)
600 g ausgelöstes Zanderfilet,
500 g Wurzelgemüse (Karotten, Sellerie, Kohlrabi, Lauch, Zwiebeln)
Basilikum, Salbei, Majoran, Zitronenmelisse, Dill, Petersilie, Estragon, Rosmarin,
2 mittlere Zwiebeln,
3–4 Schalotten,
Salz, Pfeffer, etwas Zitronensaft,
¼ l Sahne

Zubereitung:

Fisch abspülen und abtropfen lassen. Eine Pfanne gut ausbuttern, mit dem Wurzelgemüse den Boden bedecken, einen Teil der grob gehackten Gartenkräuter darüberstreuen. Zander in 8 gleich große Teile schneiden, mit Salz und Pfeffer aus der Mühle würzen, mit etwas Zitronensaft beträufeln, auf das Gemüse legen und mit den fein geschnittenen Schalotten bedecken. Alles mit Sahne übergießen, zudecken und ca. 15 Minuten langsam bei kleiner Hitze ziehen lassen.

Rezept: Klaus Gütlich

Dem Owwerhess' offs Maul geguckt

E fei Ausreed

Schäfers sind auf einer Party eingeladen. Als er zum vierten Mal ans kalte Buffet geht, ermahnt ihn seine Frau: „Ei Kall, etz gisde schu d's viert'muol dohie un doust dir e Gebläz off de Deller. Schoamsde dich dann neat. Wann doas imet sieht!"

„Wäiso dann, ich soah immer, es wier fier dich!"

Mahlzeit

Eine junge Frau vom Land kommt erstmals nach Gießen und fährt mit der Straßenbahn. Sie hat ihren Säugling dabei. Dieser fängt auf einmal an, ganz jämmerlich zu schreien. Es war für ihn „Essenszeit", und die junge Frau nestelt ungeniert am Mieder und gibt dem Kind die Brust. Das wehrt ab; will nicht trinken. Darauf wird die junge Frau ärgerlich. „Also, wann de se etz neat nimmst, dann krit se de Schaffner!"

En biese Droam

Scheefersch Karlienche schreit in der Nacht so laut im Traum, daß man es über drei Häuser weit hört. „Woas eas dann luus?" will ihr Mann wissen, der neben ihr schläft.

„Dach Karl, ich hu groad gedroamt, deäß e Maus eawwer mei Bett gelaafe wier!"

„Domm Uos, do droam d'r e Katz dezou un loß mich schloofe!"

Dialog beim Metzger

Den Oberhessen sagte man nach, sie seien oft recht wortkarg und maulfaul. Dem ist nur bedingt zuzustimmen. Ein Beispiel jedoch sollte hierfür viele stehen.
Die Frau kommt zum Metzger und will frische Fleischwurst. Es entspinnt sich folgender Dialog:
„Ge moije!"
„Ge moije!"
„Hosde hau fresch Flaaschwoscht?"
„Noa, moarn!"
„Moarn?"
„Moarn!"
„Ge moije!"
„Ge moije!"

Siwwe Pond

„Schnatze-Mariechen" geht in den Metzgerladen und bittet die Metzgersfrau: „Dou mir doch emuol siwwe Pond Schweineflaasch oabwäije!"
Die Metzgersfrau - man kennt sich - fragt neugierig: „No, hot ihr e Feier, weil de desmuol so e gruß Steck hu willst?"
„Dach noa, ich will doas Flaasch joa goar neat hu. Doas kannsde wirrer hiehenke. Ich hu siwwe Pond zougenomme, un do wollt ich emuol seh, wäiviel doas off oahm Hoaffe eas!"

He waaß woas dreann eaß

Ein Bauersmann aus dem Vogelsberg trifft zufällig auf einen anderen aus seiner Heimatgemeinde, der, so wie er, Erntegüter nach Gießen auf den Wochenmarkt gefahren hat. Sie begegnen sich in einer Wirtschaft und wollen etwas handfestes essen.
Der eine bestellte sich eine Riesenportion „Leäwwerwoscht". Da meinte der andere etwas zaghaft: „Waaßde, Karl, ich eässe Aijer, do waaß m'r, deäß do naut eneannkimmt, woas do neat eneanngehirrt!"
„Schwäz koa domm Zeug", meinte da der Karl, „doas waaß ich bei dere Woscht aach; däi eaß joa heanne ean voarne zougebonne!"

Aus
„Gereimtes und Ungereimtes",
Emil Winter Verlag,
Heuchelheim

VIII Küchengeheimnisse aus dem Büdinger Land

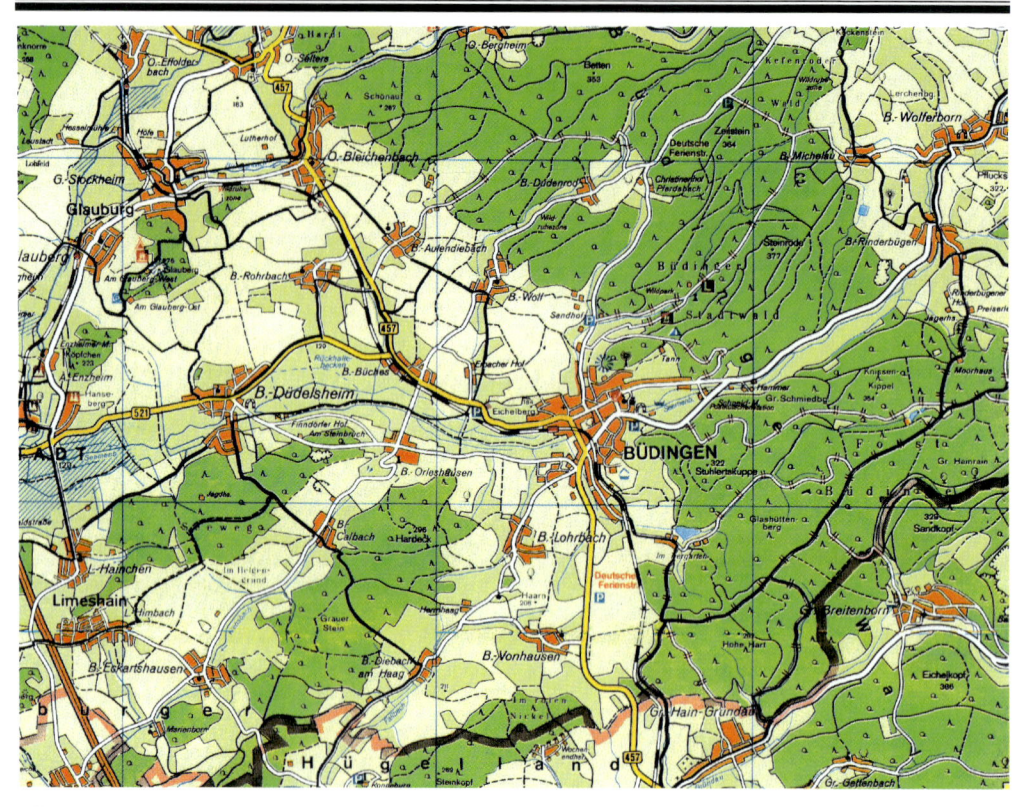

Man nennt die Region Büdinger Land auch Ronneburger Hügelland oder Büdinger Wald. Es liegt an der Grenze zweier unterschiedlicher Landschaften, des Vogelsberges und der Wetterau, etwa 50 Kilometer nordöstlich von Frankfurt/Main. Sein Zentrum: die Stadt Büdingen als Luftkurort mit ihrer ehemaligen Wasserburg, dem Wohnsitz der Fürsten zu Ysenburg und Büdingen.
Begrenzt wird dieses Gebiet im Westen von der hochragenden Ronneburg und dem Herrnhaag, einer ehemaligen Glaubensstätte der Herrnhuter Brudergemeinde.
Besonders stolz sind die Büdinger darauf, daß in der Stadt und den umliegenden Gemeinden das alte Brauchtum noch gepflegt, aber auch der nicht immer ruhmvollen Vergangenheit viel Platz eingeräumt wird.
Daß das Büdinger Land heutzutage etwas abseits der großen Verkehrswege liegt, wissen nicht nur die Einwohner, sondern auch die vielen Gäste zu schätzen, die hier ihren Urlaub verbringen. Übrigens führt durch das Büdinger Land auch die Deutsche Ferienstraße Alpen – Ostsee, eine der attraktiven Strecken, von denen es in der Bundesrepublik Deutschland so viele nicht gibt.
Alle die Rezepte in diesem Heft kann der Gast – ortsweise ein wenig abgewandelt – in den zahlreichen, gemütlichen Gasthäusern kosten.

Das Büdinger Land

Eingebettet in einen Kranz herrlicher Bergwälder, die die rauhen Winde aus dem Norden und Osten abhalten, liegt das Büdinger Land. Das Tal der Seeme weitet sich zur Wetterau hin, die Berge werden niedriger, die Wälder treten vom Bachlauf zurück, die fruchtbaren Lößhänge begünstigen den Ackerbau und die Obstkulturen.

Diese einladende Situation hat schon früh Menschen gezogen. Lange vor unserer Zeitrechnung haben frühgeschichtliche Völker in diesem Raum gesiedelt. Ihre Spuren haben sie hinterlassen: Wohngruben, vorgeschichtliche Befestigungsanlagen, wie die sagenumwobene Glauburg. Steinbeile und Tontöpfe wurden von den Forschern entdeckt und ausgewertet. Die Herrenfamilie, die sich seit 1131 „von Büdingen" nannte und von der niemand weiß, wo sie ihren Ursprung hat, begründete das städtische Gemeinwesen und eine konsequente Territorialpolitik. Nachfolger wurden die Herren von Ysenburg, die wiederum aus rheinischem Uradel stammten und die Geschicke der Region über sechs Jahrhunderte nachhaltig beeinflußten.

Das Büdinger Land wäre ohne die kulturellen, wirtschaftlichen, sozialen und letztendlich politischen Leistungen des Fürstengeschlechtes nicht denkbar. Die Teilung der Herrschaft in zwei Haupt- und mehrere Nebenlinien wirkte sich auf das architektonische Erscheinungsbild Büdingens und der benachbarten Städte aus. Zahlreiche Schlösser, Adels- und Gutshöfe vermitteln den Wunsch der verschiedenen Ysenburger Linien nach stilvoller Repräsentation.

Der ausgedehnte Wald, ehemals ein Reichsbannforst, in dem Kaiser und Könige zu jagen das Vorrecht hatten, ist Erholungs- und Wirtschaftsfaktor. Neben der Landwirtschaft in der Gegend zur Wetterau und dem Handel und Wandel im Residenzstädtchen Büdingen, dem 1330 König Ludwig der Bayer die Marktrechte verlieh, war der Wald ein weiterer Grund für den Wohlstand im Lande. Alles dies spiegelt sich in der traditionellen Küche der Region wieder. So wird das jagdbare Wild aus den ausgedehnten Wäldern zubereitet oder auch Gerichte, die im Korn- und Kartoffelanbau ihre Grundlage haben.

Im Büdinger Ländchen muß man pünktlich sein, denn die Leute hier sind rauh aber herzlich: „Um 12 Uhr werd gegesse, ob gekocht is odder net!" Daran mußten sich auch Michaele Scherenberg und Karl-Heinz Stier gewöhnen, die diese Region mit einem Bergpostwagen von 1890 - ideal für das hügelige Gelände um Büdingen - bereist haben.

Rezept Nr. 1 **Hof Leustadt**

Wildschweinschmalz

Las ein klein stuk von essen am bredt um armen zu geben.

(mittelalterliche Tischzucht)

Im nordwestlichen Teil des Ysenburger Landes liegt in einer flachen Mulde, der reichliche Quellen zufließen, Hof Leustadt. Aus einer mittelalterlichen Wasserburg hervorgegangen erhielt das Anwesen durch Wolf von Wolfskehl zu Fetzburg und Leustadt zwischen Gotik und Renaissance seine prägende Gestalt. Das malerische Ensemble des Herrenbaues mit dem markanten Treppenturm und den verstreuten Wirtschafts- und Nebengebäuden versetzte schon um die Jahrhundertwende Kunsthistoriker ins Schwärmen.

1710 vertauschte der zeitweilige Besitzer, Freiherr von Stauff Leustadt an den Grafen von Ysenburg-Marienborn. In der Taxation erscheinen curiose Luxusgüter der Zeit: „Pfeiffen, Tabak und Tulpenknollen aus Holland, Pfauen und Schwäne aus Westfahlen als Federvieh und die à la mode gekleideten französischen Puppen der Frau Generalin," deren Stube gar „mit gulden Leder ganz bezogen" war.

Die Grafen von Ysenburg übernahmen das Anwesen und verpachteten den Hof. 1933 kam dann das heruntergekommene Gut in den Besitz der Sprucks.

Die heutige Besitzerin, Gisela Spruck, hat in vier Jahrzehnten dem Anwesen wieder Glanz und Würde verliehen - in beachtlicher Eigenleistung. Die ausgebildete Restauratorin mauerte und tünchte, deckte Dächer neu, richtete und wirkte.

Gisela Spruck hat sich aber auch zu einer Sachverständigen für Heilkräuter entwickelt, weniger durch das Studium der Literatur als durch praktische Erfahrungen und Anwendungen.

Zutaten:

1 kg Wildschwein-Rückenfett,
½ Pfund Walnüsse,
Thymian, Majoran, Fichtenspitzen.

Zubereitung:

Frischen Thymian, Majoran und Fichtenspitzen trocknen und mahlen. Getrocknete Walnüsse hacken, danach erst das feine Nußmehl absieben. Nur die gröberen Teile mit etwas Salz rösten.

Wildschweinfett auslassen. Wenn das Fett anfängt zu erkalten und steif zu werden, die gerösteten Nüsse und zwei gehäufte Eßlöffel der Gewürzmischung unterziehen. Das Schmalz in Töpfchen füllen und völlig erkalten lassen. Kühl und dunkel aufbewahrt, hält er sich viele Wochen. Den Aufstrich kann man auch mit Speckfett vom Schwein zubereiten, er schmeckt dann jedoch weniger kräftig! Dazu reicht man Bauernbrot, feinstgeschnittenen Wildschweinschinken mit gehackten Zwiebeln und frischem Pfeffer.

Rezept von Gisela Spruck

Rezept Nr. 2 — Rinderbügen

Hefeklöße

Ean Almei
kann nie genungk krije!

Der „Büdinger Wald" ist eines der wenigen geschlossenen Waldgebiete und Kern eines ehemals noch größeren Reichsbannforstes, der in der Stauferzeit an die Herren von Büdingen vergeben wurde. Nach deren Aussterben gelangte das Reichslehen in den Besitz der Ysenburger. Die endgültige Inbesitznahme wurde durch einen Grenzberitt 1377 rechtlich fixiert. Es galt, mehrfach modifiziert, bis zum Jahre 1806, dem Ende des alten Reiches. Eigentümer des Waldes war zunächst noch der Lehnsherr, „das ryche" in Gestalt des deutschen Königs. Die wirtschaftliche Nutzung des Waldes war schon im Mittelalter an den Territorialherren abgetreten.

Bei Büdingen lebt auch der Falkner Dieter Schiele. Das Abrichten eines Greifvogels ist eine Kunst. Der Futtertrieb des Vogels wird dabei ausgenutzt. Nach erfolgreicher Jagd tauscht er die Beute des Tieres gegen eine „Ersatzbeute" aus seiner Falknertasche.
Die große Zeit der Falkenjagd war das Mittelalter, in der die höfische Gesellschaft oft auf Reiherbalz ging. Die Falken stöberten dabei einen Reiher auf, die Damen zogen ihm eine Reiherfeder aus – als Schmuck für ihren Hut und ließen den Reiher wieder fliegen. Ein Falkner von heute muß einen eigenen Falkenjagdschein vorweisen und 2 Greifvögel halten.

Zutaten:
(für 6 Personen)
2½ Würfel Hefe,
60 g Zucker,
150 g Margarine, 2 Eier,
½ l Milch, 1 kg Mehl, Salz,
3 Päckchen Dörrobst,
100 g Margarine,
100 g Zucker.

Zubereitung:
Hefeteig kneten und gehen lassen. Klöße formen und zum Gehen auf ein mit Mehl bestäubtes Blech setzen. Dörrobst mit 2,5 l Wasser, 100 g Zucker und 100 g Margarine ca. 40 Minuten kochen – bis das Obst weich ist. In mehrere Töpfe ca. 5 cm hoch verteilen, aufkochen lassen und die Hefeklöße auf das Dörrobst setzen. 20 Minuten kochen – den Deckel nicht abnehmen!

*Rezept von
Silvia Stürz, Mariechen
Bretthauer, Wilma Lutz*

Rezept Nr. 3 — Herrnhaag

Quittenlikör

Es trinken tausend eher den Tod, als einer sterb in Durstesnot.

(Freidank, Bescheidenheit)

Im heute zu Büdingen gehörenden 1200 Jahre alten Stadtteil Lorbach liegt auf einer Anhöhe der Herrnhaag, zeitweilige Wirkungsstätte der Herrnhuter Brudergemeinde des Grafen Nikolaus Ludwig von Zinzendorf, einer pietistischen Glaubensgemeinschaft sektiererischen Charakters. Graf Ernst Casimir zu Ysenburg und Büdingen hatte nach dem großen Aderlaß des 30jährigen Krieges, der eine beachtliche Dezimierung der ansässigen Bevölkerung zur Folge hatte, im Zeichen der Aufklärung und der Toleranzpolitik, nach dem Vorbild großer europäischer Staaten im Jahre 1712 sein „Toleranzpatent" erlassen. Glaubensflüchtlinge sollten eine neue Heimstatt erhalten, wo ihnen freie Religionsausübung garantiert wurde. Er hatte somit die rechtlichen Voraussetzungen für die Ansiedlung von religiösen Minderheiten geschaffen. Graf Zinzendorf – für fortschrittliche Erziehungsmethoden bekannt – stellte die Verbindung von Frömmigkeit und Weltklugheit an. Als ihn der sächsische König wegen „Verbreitung falscher Lehren und Mißachtung der Obrigkeit" verbannte, wählte er 1736 mit seiner Familie die Ronneburg als Aufenthaltsort. Doch bald wird diese Zufluchtstätte für die ständig wachsende Gemeinde zu eng, und so wird 1747 die Siedlung „Herrnhaag" gegründet, die jedoch schon wieder 1750 aufgegeben wurde, weil es zunehmend zu Auseinandersetzungen mit der Ysenburgisch-Büdingischen Regierung kam. Fortan gründeten die Herrnhuter zahlreiche neue Siedlungen im In- und Ausland. Auf der Spitze des Brunnenhaustürmchens der Herrnhaager Siedlung befand sich der Stern. Ein Stern wurde auch als Prägestempel in Ziegelsteine der Herrnhaager Ziegelei gedrückt. Eine der Choralmelodien, die das Herrnhaager Glockenspiel spielte, war: „Wie schön leuchtet der Morgenstern..."
Nicht nur die fromme Lebenshaltung zeichnete die Herrnhuter aus, auch in der Volksmedizin haben sie sich Verdienste erworben. Und hier spielte die Quitte als blutstillendes Mittel eine bedeutende Rolle.

Zutaten:

½ l Quittensaft, kalt gepreßt (letzter Preßvorgang mit Äpfeln!),
1 l Alkohol (30–40%),
400 g Kandiszucker,
Vanilleschote, Zimtstange,
2–4 ganze Nelken.

Zubereitung:

Quittensaft und Alkohol mit Kandiszucker in einen Steintopf füllen. In einen kleinen Leinenbeutel 1 längshalbierte Vanilleschote, Zimtstange und Nelken füllen und in die Flüssigkeit hängen. So lange umrühren bis sich der Zucker gelöst hat. Nach 4 Wochen Gewürze herausnehmen und den Quittenlikör gegebenenfalls durch ein Tuch seien. Weitere 6 Wochen ruhen lassen – fertig!
Rezept von Berta Ditzel

Rezept Nr. 4 — **Düdelsheim**

Endiviensalat

*Wer Gott vertraut und Weißkraut klaut,
hat im Winter Sauerkraut.*

Ein typisches Dorf im Büdinger Land ist das 1200jährige Düdelsheim. Prächtige, behäbige Fachwerkbauten umsäumen die Durchgangsstraße und ziehen den Kirchberg hinauf. Die Landwirtschaft war die Erwerbsgrundlage der Bewohner. Neben den drei ysenburgischen Wirtschaftshöfen, prägen die Gehöfte der Vollbauern und der Taglöhner das Ortsbild. Wegen der intakten ländlichen Idylle hat sich auf der „Hoffet" seit 1956 eine Künstlerkolonie entwickelt, zu der die Keramiker Ursula und Karl Scheid, sowie Beate Kuhn, der Bildhauer Bernhard Vogler und der Zeichner Sascha Juritz gehören.

Zu den traditionellen Handwerken, die hier noch ausgeübt werden, gehört der Küfer, dessen Erzeugnisse früher in größerem Maße benötigt wurden. Er fertigte u. a. die großen Fässer für den Apfelwein, die Holzkannen, die man hier „Lippe" oder „Gily" nennt, in denen klares Wasser mit auf das Feld genommen wurde, und worin sich der erquickende Trunk länger frisch gehalten hat. Nicht mehr benötigt werden die Brühbütten für die Hausschlachtungen, das Jauchefaß mit hölzernem Trichter, die Tränkeimer, die Kraut- und Bohnenfäßchen für die Vorratshaltung, die Fleischbütte und die ovalen Waschgelten mit zwei Ohrengriffen für den mühevollen Waschtag.

So hatte im alten Dorf jeder seinen angestammten Platz, war in die ihm eigene Rolle und zugleich in das Sozialgefüge eingepaßt. Die Nachbarschaftshilfe spielte bei den periodischen Saisonarbeiten eine wichtige Rolle, denn bei der Kartoffelernte z. B. wurde jede helfende Hand gebraucht. Die Kartoffel als Grundnahrungsmittel war hierzulande besonders geschätzt. Nicht umsonst haben die Bewohner den Bau der Eisenbahn in der zweiten Hälfte des 19. Jahrhunderts zu verhindern gewußt, weil sie glaubten, daß der Rauch der Lokomotive die Kartoffeln schädige!

Zutaten:

(für 4 Personen)
2 Endivienköpfe,
1 kleine Zwiebel,
3 Eßlöffel Öl,
3 Eßlöffel Essig,
¼ l Schmand,
Salz, Pfeffer.

Zubereitung:

Endivien in schmale Streifen schneiden, mehrmals waschen und abtropfen lassen. Soße aus kleingehackter Zwiebel, Öl, Essig, Schmand, Salz und Pfeffer rühren. Den Salat kurz vor dem Essen anmachen.

Rezept von Hannelore Weber

Rezept Nr. 5 — **Büdingen – Schloß**

Fürstenspeise

*Zeige mir, wie Du ißt
und ich sage Dir, was Du bist.*

Sie gehören zu den „Spätgefürsteten", die Herren von Ysenburg. 1744 wurden die Grafen von Ysenburg in den Reichsfürstenstand erhoben. Ihre Namen leiten sie von der um 1100 im Sayntal erbauten Burg ab. Ludwig von Ysenburg, der Stammherr des hiesigen Territoriums, erscheint 1258 unter den Erben der Herren von Büdingen. Durch geschickte Politik gelang ihm und seinen Nachfolgern der Ausbau eines bedeutenden Besitzumes rund um den Büdinger Wald.

1684 kam es zur Teilung in die heute noch bestehenden Linien Birstein und Büdingen. Drei Jahre später wurde der Büdinger Anteil nochmals in die Herrschaften Büdingen, Wächtersbach und Meerholz aufgesplittet.

1806 vereinigte Karl von Ysenburg die Teilgrafschaften zu einem souveränen Fürstentum, das bis zum Wiener Kongreß Bestand hatte. Doch hatten die territoriale Zersplitterung im 18. Jahrhundert und die zeitbedingten wirtschaftlichen Probleme verhindert, daß das Schloß in Büdingen einem Neubau im barocken Stil weichen mußte. So ist der einzigartige Charakter eines staufischen Herrensitzes trotz der vielen Umbauten und Veränderungen in der Gotik in Renaissance erhalten geblieben. An der Nordseite der Anlage dominiert der romanische Palas. Es folgen gotische Bauten: der Saalbau, der Küchenbau mit den jüngeren, wappengeschmückten Erkern. Aus dem ausgehenden 15. und beginnenden 16. Jahrhundert stammen die Giebel im Stil der Renaissance und das Portal, 1673 in „Knorpelbarock" gestaltet. In der Schloßküche waltet die Schloßköchin am 100 Jahre alten Herd und versteht sich auf die Zubereitung „fürstlicher Speisen".

Zutaten:

(für 4 Personen)
4 Eigelb,
125 g Zucker,
Vanillezucker,
1 Prise Salz,
Saft, von 1/2 Zitrone – ev. mehr,
4 Blatt weiße,
2 Blatt rote Gelatine,
½ l Buttermilch,
1 Becher Sahne.

Zubereitung:

Eigelb und Zucker schaumig rühren, Prise Salz und Zitronensaft unterrühren. Gelatine in Kaltwasser einweichen. Ein wenig Buttermilch erhitzen, ausgedrückte Gelatine darin schmelzen. Restliche Buttermilch in die Eigelbcreme rühren, ebenso die geschmolzene Gelatine. Die Speise im Kühlschrank stocken lassen, herausnehmen, geschlagene Sahne hineinrühren und das Dessert erneut kaltstellen.

Rezept von Ilse Henning

Rezept Nr. 6 — Büdingen – Stadt

Kartoffelgemüse
Kartoffeln mit Liebe schmecken besser als Bratwürste mit Zank.

Büdingen wäre ohne das Schloß nicht denkbar. Die Stadt hat ihr mittelalterliches Erscheinungsbild bewahrt. Winkelige Gassen, malerische Giebel, Türme und Erker machen Büdingen zum Anschauungsunterricht für Geschichte und Baukunst.

Bemerkenswert ist die Remigiuskirche. Sie gehört zu den ältesten Kirchen Deutschlands.

Einen prächtigen Treppengiebel besitzt das Rathaus. Erdgeschoß und die Fassade sind aus Sandstein, die übrigen Teile aus Fachwerk. Acht mächtige Eichenholzsäulen tragen die Last des ganzen Hauses. Einst war der 1458 erbaute Saal eine Kaufhalle, in der Erzeugnisse der Stadt angeboten wurden. Heute beherbergt das Gebäude das Regionalmuseum.

1490 begannen die Arbeiten an der Stadtbefestigung, 1503 wurden sie vollendet. Das Jerusalemer Tor mit seinen zwei flankierenden Rundtürmen gilt als Wahrzeichen der Stadt. Wuchtig erhebt sich der Nordpfeiler der Befestigung, das große Bollwerk mit seinen 4,5 m dicken Mauern. Der benachbarte Hexenturm erinnert an die schlimmste Epoche des finsteren Mittelalters, als auch in Büdingen zu einem schwer nachvollziehbaren Wahn vor allem unschuldige Frauen als Hexen oder Zauberinnen verschrien zum Opfer fielen.

1562 fingen die Hexenprozesse an, 114 Unschuldige wurden hingerichtet. Doch damit nicht genug. 1651 wandte man sich an den Grafen Otto Wilhelm um Wiederaufnahme der Verfahren, weil die 1634 verschonten Personen die Stadt allenthalben in üblen Ruf brächten!

Die Wirtschaft der Stadt lag in solchen Zeiten arg darnieder. Als dann noch ständige Truppendurchzüge im 30jährigen Krieg Schäden von ungeahnter Höhe anrichteten, und die Bevölkerung von ehemals 300 Familien auf 75 gesunken war, hielten Not und Hunger Einzug. Da machte sich der Kartoffelanbau als segensreich bemerkbar.

Zutaten:

(für 4 Personen)
1 Eßlöffel Schmalz,
2 Zwiebeln,
1 kg Kartoffeln,
Lorbeerblatt, Salz,
Schmand, 1 TL Mehl.

Zubereitung:

Schmalz erhitzen, Zwiebeln kleinschneiden und darin andünsten. Rohe Kartoffeln schälen, in Scheiben schneiden und obenauf legen. Mit ¼ l Wasser auffüllen, Lorbeerblatt dazu, etwas Salz. Mit ¼ TL Mehl binden. 20 Minuten garen. Mit Schmand und Salz abschmecken.

Rezept von Jurek Grygelewsky

Waffeln mit Weincreme

Wer eam Sommer neat will schneire,
Der muß eam Wianter Hunger leire.

Im Büdinger Wald gab es früher fast nur Rotwild, kaum Rehwild und nur wenig Schwarzwild. Jedoch im 16. Jahrhundert änderte sich dies nachhaltig, als der junge Graf Wolfgang von Ysenburg-Ronneburg einige Stücke Damwild im Büdinger Wald ausgesetzt hatte. 1848 war Revolution und im Büdinger Wald wurde erheblich gewildert. Die Folge: eine gefährliche Dezimierung des Rot- und Damwildes, der Wald wurde eingezäunt.

Doch auch dies verhinderte nicht, daß sich ab dem 17. Jahrhundert zunehmend Wildererbanden herumtrieben. Jedenfalls sind die Übertretungen der Jagdvorschriften seit dieser Zeit aktenkundig. In der Erzähltradition hat sich das Bild von den Wilderern oftmals verklärt. So war die Gestalt des „Wilperts Knapper" Gegenstand der Unterhaltung in den Spinnstuben und seine Taten wurden sagenhaft übertrieben. 1765 erließ der Fürst von Birstein im ganzen Lande eine Bekanntmachung, wonach zur Erfassung des berüchtigten Wilddiebes Kaspar K. von Neudorf eine Belohnung von 200 Gulden ausgesetzt wurde. Die hohe Summe spricht eine deutliche Sprache über die hohen Schäden. im Wald und seinem Wildbestand. Den Forstleuten kam eine äußerst undankbare Rolle bei der Bekämpfung des Wildererunwesens zu, und 1816 wurde der berüchtigte Wilderer Jakob Mösinger aus Gelnhausen bei einem Kugelwechsel mit dem Förster erschossen. Ein nach Amerika ausgewanderter Wilddieb rühmte sich sogar, daß er zu Hause im Büdinger Wald wöchentlich vier bis fünf Hirsche geschossen habe.

Seit 1706 ist die Postkutschenstation bei Büdingen im Besitz der Familie Busch. Sie arrangiert heute wieder nostalgische Postkutschenfahrten. Dabei beruft sie sich auf die Hessische Postordnung vom Jahre 1788, wonach ausdrücklich verboten war „den Postillon zu prügeln, mit Messern zu stechen oder ihn zu gefährlich schnellen Fahrten zu nötigen".

Zutaten:

(für 4 Personen)
375 g Mehl, 250 g Butter,
½ l Milch, 7 Eier,
50 g Hefe,
etwas Zitronenschale, Rum oder Arrak.
Für die Creme:
1 Flasche Weißwein,
250 g Zucker, 2 Zitronen,
10 Eier, 1 EL Weizenstärke.

Zubereitung:

Aus Mehl, Butter, lauwarmer Milch, Hefe, etwas Zitronenschale einen Teig schlagen – bis er Blasen wirft. Etwas Rum oder Arrak untermengen, zugedeckt 3–4 Stunden gehen lassen. Wenn die Masse gärt, Waffeleisen mit Butter bestreichen und Waffeln backen. Ev. mit Zucker bestreuen. Zutaten für Weincreme stark und ständig schlagen, während man sie bis fast zum Kochen erhitzt.

Rezept von Gisela Erdtmann, Karin Schlögel

Rezept Nr. 8 — Aulendiebach

Latwerge

E wink noaseln deäfsde,
oawwer gefroihsteckt werd dehoam.

Wie anderwärts Apfel- und Rübenkraut, so sind im Büdinger Land Zwetschen- und Birnenmus beliebter Brotaufstrich. Er heißt hier, wie übrigens in Südhessen allgemein, „Latwerge", während man den Mus aus Birnen zur Unterscheidung „Hoink" nennt, was sich von dem süßen Honig herleitet. Der Jahresbedarf wird im kupfernen Waschkessel eingekocht. Nur durch Mobilisierung aller nachbarschaftlichen Hilfe ist das Entkernen der Körbe voll Zwetschen, das Schälen und Schnitzeln der Birnen und vor allem das Tag und Nacht dauernde Rühren zu bewältigen. Kaffee und Kuchen, kräftige hausmacher Wurst mit deftigem Bauernbrot und hin und wieder ein würziger Schnaps lockern die stundenlange Tätigkeit auf. Die köstlich duftende „Latwerge" wird dann in die Vorratstöpfe aus graublauem Steinzeug abgefüllt.

In der Gegend sind noch viele Geschichten, Sagen und Märchen lebendig und werden weitererzählt. So vom Glauburg-Weiher, der nach der Meinung des Volkes so unergründlich tief sei, daß der Grund selbst mit den längsten Stangen nicht auszumachen ist. Ja, die Stangen fallen bei den Versuchen zumeist ins Bodenlose und werden nie wieder gefunden. An der Stelle, wo die Stangen versinken, steigt in der Regel eine Blase auf, die sich immer mehr vergrößert. In dieser Wasserblase erscheint ein Ritter mit Harnisch und Eisenhelm. Sein rechter Finger ist warnend erhoben. Nur zweimal erscheint er einem Sterblichen. Wer zum dritten Male nach dem Grund des Weihers forscht, den zieht er mit Gewalt in die bodenlose Tiefe.

Zutaten:
(für 1 großen Kessel!)
1½ Zentner Zwetschen,
10–12 Pfund Zucker.

Zubereitung:
Zwetschen entkernen und im Kessel mindestens 5–6 Stunden rühren. Am Schluß Zucker dazurühren. In irdene Töpfe abfüllen, nach ein paar Tagen mit Pergament abdecken und zubinden. Statt Zucker nahmen die Frauen früher den Saft gekochter kleingehackter Zuckerrüben. Die Lattwerge ißt man in Aulendiebach nicht nur aufs Brot, sondern streicht sie auch auf Pellkartoffeln, die zuvor dick mit Matte (Quark) bestrichen wurden.

*Rezept von den
Landfrauen Aulendiebach*

Rezept Nr. 9　　　　　　　　　　　　　　　　　　　　　　　　Ronneburg

Kümmichsüpplein
Las guot und vil essen vorlegen undd iß.
(mittelalterlicher Tafelspruch)

Zu Beginn des 13. Jahrhunderts errichtete ein Gerlach von Büdingen auf einer weithin sichtbaren Basaltkuppe die Ronneburg. Sie wurde 1313 an den Erzbischof von Mainz verkauft, der sie mehrfach verpfändete. Eindrucksvoll sind auch heute noch die mächtigen Bauwerke, die sich in die an höchster Stelle sich erstreckenden Kernburg und die ausgedehntere jüngere Vorburg untergliedern. 1621 brannte die Burg jedoch teilweise aus und wurde zudem noch 1634 von Kroaten ausgeplündert. Dennoch bietet die Ronneburg lebendigen Anschauungsunterricht vom Leben in einer mittelalterlichen Burg.

Im Restaurant der Ronneburg kann man von Zeit zu Zeit Rittermahle probieren. Eine „Benimmordnung" aus dem Jahre 1649 erzählt, wie man sich bei herrschaftlicher Tafel aufzuführen habe: „Der Brauch will es so, die Gäste seynd gehalten, nur mit dem Dolch und den Fingern zu essen. Wer solch Brauch nicht achtet, seynen Nachbaren stosset oder in die Enge bringet, die besten Stücke vom Brett weg stybitzet, so eym Kerl solle die Knoche im Schlund stecken bleiben".

Festliche Tafelmusik gehörte dazu, wenn „die Tafel aufgetragen wurde", denn eine lange Tafel wurde in der Küche gedeckt und in den Speisesaal getragen und auf bereitstehenden Böcken abgesetzt. War das Mahl zu Ende, wurde die Tafel „aufgehoben" – von den Böcken.

Die Suppe, von der hier berichtet wird, war erst im späten 16. Jahrhundert üblich, als man den Löffel benutzte. Denn früher bestand das Essen aus dickem Brei, den man mit den Händen essen konnte, oder er war so dünnflüssig, daß sie mit Brot ausgetunkt oder getrunken werden konnte. Dabei teilten sich meist zwei Personen eine Schüssel, genauso den Trinkbecher, Ehe- und Liebespaare taten sich zusammen.

Zutaten:
(für 4 Personen)
30 g Mehl, 30 g Butter,
30 g Kümmel, 1 l Brühe,
0,1 l Sahne,
0,2 l trockenen Weißwein,
Salz, Pfeffer.

Zubereitung:
Butter zerlaufen lassen, Mehl hineinrühren, aufkochen. Mit kalter Fleischbrühe auffüllen, aufkochen und 15 Minuten köcheln lassen. In einem Extratopf Weißwein und gemahlenen Kümmel aufkochen, auf die Hälfte reduzieren. In die Suppe passieren. Mit Sahne verfeinern und mit Salz und Pfeffer abschmecken.

Rezept von Herbert Zinkhan, Restaurant „Ronneburg"

Rezept Nr. 10 — Ronneburg

Gefüllte Schweinskeule

Nim brodt unnd saltz zu Händ
so hat guth essen nit eyn end.

Ein rühriger „Förderkreis Burg Ronneburg e.V." hat sich in den letzten Jahren bemüht, mittelalterliches Lebens detailgetreu nachzustellen. Die Räume des Palas sind wieder so zu erleben, wie sie zu ihrer Entstehungszeit ausgesehen haben mögen. Im Küchenbau aus dem Jahre 1573 befindet sich der Herd mit großem Rauchfang, auf dem Feuer brennt. Der dampfende Kessel hängt im Kamin. Der Duft der Kräuter, die zum Trocknen aufgehängt sind, steigt den Besuchern in die Nase. Tische und Bänke sind nach Vorlagen der Zeit neu entstanden. Ein Lavabo dient zum Händewaschen, denn die werden rußig, wenn ein Holzscheit nachgelegt wird. Auch sonst blieb man in der Burg autark, im Belagerungsfalle mußte man sich ja hinter den Mauern mit allem versorgen können. So ist noch das alte Backhaus zu sehen, in dem Fladenbrote feilgeboten werden. Der Braukeller im Untergeschoß des Alten Baues versorgte Burgbewohner und Burgbesatzung mit Gerstensaft. Zu den ältesten Teilen der Burg gehört das durch zwei Flankierungstürme geschützte Brunnenhaus. Darinnen befindet sich der im 13. Jahrhundert angelegte 96 m tiefe Brunnen, dessen Wasser mit einem gewaltigen Tretrad aus dem 14. Jahrhundert heraufbefördert wurde.

In der Hofstube wird die mittelalterliche Festtafel gezeigt. Die Tische sind mit Leinentüchern eingedeckt. Sie dienten gleichzeitig auch als Servietten. Trinkgefäße aus Keramik warten auf den durstigen Zecher, ein schmiedeeiserner Leuchter ist die bevorzugte Lichtquelle. In den übrigen Räumen gibt es nur Kienspanbeleuchtung, in der repräsentativen Hofstube brennen Wachskerzen.

Gegessen wurde bei den Wohlhabenden im Mittelalter viel und gut. Ein tellergroßes Steak wäre für die Burgbewohner im Mittelalter gerade soviel gewesen, um den berühmten hohlen Zahn zu stopfen. Und bei einer Tracht (Gang) mit Braten blieb es nicht. Mit welcher Phantasie das Fleisch gebraten, gegrillt, geschmort und auch gekocht wurde! Nur mit den Zutaten, Gewürzen, haperte es bisweilen. Da war man auf die Händler angewiesen, die zweimal im Jahr auf der Reichsstraße nach Frankfurt zur Messe zogen. Aber zum Glück lief dieser Handelsweg nicht weit von der Ronneburg entfernt an der Kinzig entlang vorbei.

Zutaten:

(für 6 Personen)
1 Vorderkeule vom Schwein, trockener Weißwein nach Bedarf,
Lobeerblätter,
Wacholderbeeren,
ca. 700g Feigen,
8 Eigelb, Pfeffer.

Zubereitung:

Wasser und Wein im Verhältnis 1:1 mischen. Das Fleisch mit einigen Lorbeerblättern und Wacholderbeeren fast gar kochen. Dann aus der Keule das inwendige magere Fleisch herauslösen und in kleine Würfel schneiden, mit kleingeschnittenen Feigen, einigen kleingehackten Endivienblättern und vier Eigelb zu einer festen Masse verkneten, mit Pfeffer abschmecken. Schweinskeule damit füllen, mit Holzzahnstochern zusammenstecken und fertig garen. Den Sud zum Schluß mit weiteren vier Eigelb aufschlagen und über das Fleisch gießen.
Rezept von Burghard Kling

Kleine Kräuterapotheke

Bei trockenem Husten:
Das Kochwasser von Schalenkartoffeln verwenden. Eine Tasse Kartoffelwasser mit 60 Gramm Kandiszucker süßen, aufkochen lassen und löffelweise trinken.

Bei Schluckauf:
Einige Tropfen Essig auf einem Würfel Zucker einnehmen.
Oder: Wasser in kleinen Schlucken trinken.
Oder: Mit einer Feder die Nase kitzeln, wodurch Niesreiz hervorgerufen wird.

Bei sehr hartnäckigem Schluckauf:
Den Patienten auf den Rücken legen und die Knie an den Leib drücken; hilft oft schnell.

Bei Magenkatarrh:
10 Gramm zerschnittene Anserinenblätter und 1 Gramm Kümmel in einem halben Liter Milch 5-7 Minuten sieden, davon früh und abends ein Weinglas voll trinken.

Bei Halsschmerzen:
Gurgeln mit Salbeitee, dem man einen Löffel Honig und einen Löffel Kognak zusetzt.

Bei Heiserkeit:
Einen Eßlöffel Glyzerin in eine Tasse heißes Wasser gießen, umrühren und noch warm gurgeln (öfters). Die Fußsohlen mit einer Salbe von Schweinefett mit zerdrücktem Knoblauch einreiben.

Bei zuviel Magensäure:
Beifußtee oder Lindenholzkohle, einen Teelöffel in etwas Milch verrührt, hilft auch bei Sodbrennen und saurem Aufstoßen.

Bei schwachem Magen:
Eine Tasse Apfelwein zum Kochen bringen (90 Grad), eine Tasse Milch dazugießen, durch ein Tuch seihen, mit etwas Honig süßen, schluckweise trinken. Es heilt und nährt. Wird vom schwächsten Magen vertragen. Am ersten Tag davon zwei Eßlöffel einnehmen, dann vier, dann sechs, dann acht Eßlöffel; bis zu einer Tasse täglich kommen.

Bei Schlaflosigkeit:
Drei Eßlöffel Hopfen, einen Eßlöffel Johanniskraut, einen Teelöffel Baldrianwurzel mit eineinhalb Tassen Wasser 20 Minuten gebrüht, mit Kandiszucker gesüßt, abends trinken.

Bei Kopfweh an Stirn und Schläfen:
Zwei frische Weißkrautblätter oder 250 g Quark zwischen ein Tuch um die Stirne legen und ein warmes Tuch darüberbinden. Auch ein Kranz von Eisenkraut um den Hals gelegt, hilft oft schnell.

Kopfweh stillt auch:
Anissamen auf glühende Kohlen gestreut, den Rauch in die Nase gezogen.

Bei Migräne:
Einen Eßlöffel frisch gebrühten starken Bohnenkaffee mit einem Eßlöffel Zitronensaft mischen und trinken.
Von einem Stück Zitronenschale die innere weiße Rinde gut ausschaben und die Schale an die Schläfen kleben.

Bei Rheuma:
Tee von Birkenblättern oder Schlüsselblumenblüten, Weidenrinde, Weidenblättern, Ulmenrinde oder Goldrute. Ganze Senfsamen schlucken.

Bei Ischias:
Es hilft das Auflegen von Thymian, mit Gerstenmalz zerstoßen und mit Wein vermischt.
Oder: Auflegen von Weizenmehlbrei mit frisch geriebenem Meerrettich, warm aufgelegt.
Oder: Einen Lappen, in Senfspiritus getaucht, 20 Minuten auflegen.

*Auszüge von
„Aus meinem Schatzkästchen"
Bauer-Verrlag, Freiburg*

IX Gaumenfreuden aus dem Taunus

Der Taunus im Herzen Deutschlands ist der südöstliche Teil des Rheinischen Schiefergebirges. Es zieht sich von der Wetterau im Osten über 75 km nach Westen hin zum Rhein. Im Süden zwischen Main und Rhein gelegen, wird der Taunus nach Norden von der Lahn begrenzt.

Über 80 Prozent der Fläche ist Wald und landwirtschaftlich genutzter Boden. Ausgeprägte Laub- und Nadelwälder geben der Landschaft ihr typisches Gepräge.

Der Naturpark Hochtaunus, mit 120.000 Hektar zweitgrößter Naturpark Hessens, umfaßt den Hochtaunus flächendeckend und den größten Teil des Main-Taunus-Kreises. Rund eintausend Kilometer markierte Wanderwege, darunter der 138 km lange „Rucksackwanderweg durch den Hochtaunus", und zahlreiche Erholungseinrichtungen sind hier zu finden.

Man kann im Taunus auch gut kuren; z. B. in Bad Camberg, Bad Homburg v. d. Höhe, Bad Soden oder dem heilklimatischen Kurort Königstein. Anerkannte Luftkurorte sind Kronberg und Schmitten sowie der Erholungsort Weilrod.

Romantische Städte mit gut erhaltenen Altstädten und einladenden Örtchen mit ländlichem Charakter machen das Erholungsgebiet komplett.

Vom Taunus und seinem Namen

Für die dichtbesiedelte Region des Rhein-Main-Gebietes ist der Taunus das Hausgebirge, ein beliebtes Wandergebiet, vor allem für Wochenendausflügler.

Auf der Südseite des Gebirges kann es im Sommer sehr heiß werden, gedeihen viele Sorten Obst und gar exotische Gewächse. Ganz anders der bewaldete Hochtaunus, der sich nach Norden erstreckt und der Hintertaunus im Osten, wo immer ein angenehmes Lüftchen weht. Hier haben sich auch Gebirgspflanzen erhalten, deren Ursprünge in den Gletschern der Eiszeit zu suchen sind. Vor mehr als 300 Millionen Jahren nämlich bildete das Gebirge eine Einheit mit dem Hunsrück, bevor der Rhein sein Bett hineingrub. Verwerfungen haben mineralische und warme Wasser aus den Erdtiefen quellen lassen und einem Kranz von Badeorten zu Ruhm und Ansehen verholfen.

Dem harten Taunusgestein hingegen haben Erosionen nicht viel anhaben können. Als Quarzitkegel überragt mit 881 Metern der Große Feldberg alle anderen Taunusberge: Kleiner Feldberg, Glaskopf, Pferdskopf, Hohe Wurzel und Altkönig, auf dem die Kelten eine Verteidigungsanlage eingerichtet hatten.

Der Name Taunus könnte aus dem keltischen Wort „dunus" für Zaun oder Grenzwall und dem römischen „mons" für Berg entstanden sein. Vom „monte tauno" jedenfalls berichtet der Römer Tacitus in seiner „germania superior". Zu seiner Zeit im ersten nachchristlichen Jahrhundert war der Taunus schon von den Römern erobert und in zwei Verwaltungsbezirke geteilt. Während die Römer das Innere der undurchdringlichen Wälder scheuten, haben sich die Burgherren des Mittelalters auf den markanten Felsvorsprüngen über den Tälern niedergelassen. Markante Persönlichkeiten waren die Herren von Eppstein, von denen alleine fünf als Erzbischöfe von Mainz die Geschicke des Reiches mitbestimmten. Obwohl mit den Nassauern versippt und verschwägert, bekämpften sie sich mit Waffen und Intrigen. Manches Taunusdorf wurde als Vergeltungsschlag eingeäschert. Die sprichwörtliche Armut der Bevölkerung des Hintertaunus rührt nicht zuletzt von diesen Schicksalsschlägen her.

Das Bild änderte sich gewaltig, als schon zu Beginn des 19. Jahrhunderts die Romantiker den Taunus entdeckten, und sich ein reges Kurleben in den Badeorten entwickelte. Auch davon berichten Michaele Scherenberg und Karl-Heinz Stier auf ihrer Taunus-Rundreise, die sie in einem Opel-Laubfrosch aus dem Jahre 1923 unternommen haben.

Rezept Nr. 1 — Kriftel

Erdbeerbowle

Nichts Süßeres gibt es, als der Sonne Licht zu schau'n.

(Schiller)

Man merkt den von Industrie und Gewerbe stark geprägten Städten und Dörfern zwischen Main und Taunus noch deutlich ihre landwirtschaftliche Vergangenheit an, die den Bewohnern schon früher soliden Wohlstand brachten. Einer dieser Orte ist Kriftel. Die Menschen hier werden noch heute die „Wulle" genannt. Die ehemals verbreitete Gänsehaltung im Ort führte zu diesem Spitznamen, der aus der Kindersprache (Gans-Wulle-Wullegans) herrührt. Die Gänsereliefs auf den quadratischen Steinen am Pestalozziplatz bezeugen, daß die Krifteler durchaus stolz auf ihre agrarische Vergangenheit sind, z. B. auch auf den etwa 200 Jahre alten Obstanbau. So haben die Erdbeeren Kriftel weithin bekanntgemacht. Es gibt hier auch den Obstlehrgarten des Main-Taunus-Kreises.

Die Region hat ihren guten Ruf als renommiertes Obstbaugebiet dem Oberpfarrer Johann Ludwig Christ zu verdanken, der von 1786 bis 1813 in Kronberg lebte. Vom Erdbeeranbau wurde jedoch erst 1882 berichtet. Die Gärtner Paul und Konrad Wolf, als Obsteinkäufer für Konservenfabriken in der Gegend von Metz tätig, brachten die Erdbeere mit und züchteten sie zunächst in Töpfen in einem Gewächshaus und später auch auf dem Freiland. Bald merkte man, daß mit Erdbeeren mehr Gewinn zu erzielen war als mit dem gesamten übrigen Obstbau. In Kronberg z. B. befaßten sich vor dem Ersten Weltkrieg über 150 Landwirte und Gärtner auf etwa 120 Morgen Anbaufläche mit der Erdbeerzucht, und in dieser Zeit wurden jährlich 100 Waggon Pferdemist aus Frankfurter und Darmstädter Kasernen als Dung für die Erdbeerfelder bezogen! Erdbeeren dienten nicht nur für Tortenbelag und Marmelade, sondern auch für erfrischende Bowlen. Die Besonderheit ist, daß diese mit Apfelwein angereichert wird.

Zutaten:
(für 4 Personen)
2 Pfund Erdbeeren,
3 EL Zucker, 1 l Apfelwein,
½ l Sekt.

Zubereitung:
Erdbeeren kleinschneiden, zuckern, 1 Stunde ziehen lassen. Apfelwein darübergießen, ziehen lassen, mit Sekt oder Sprudelwasser auffüllen. Eventuell nachzuckern. Gut gekühlt servieren! Statt Apfelwein kann man in Kriftel auch Erdbeerwein nehmen.

*Rezept von den
Landfrauen Kriftel*

Rezept Nr. 2 — Kronberg

Kronberger Käste

Geht die Sposau, kimmt die Gans
mit de Käste unnerm Schwanz.

Johann Wolfgang von Goethe kannte und schätzte die Kronberger Käste, wie man hierzulande die Edelkastanien im Volksmund nennt. Sie gedeihen im milden Klima am Südhang des Taunus in großflächigen Wäldern. Einstmals waren sie der ganze Reichtum der Stadt – bis zum Bau der Gotthardbahn 1882, als auch italienische „Maroni" auf die heimischen Märkte kamen. Die Kronberger Käste sind zwar kleiner als die italienischen Maroni, dafür aber wohlschmeckender. Besonders die Frankfurter mochten auf sie als aromatisches „Gänsfüllsel" nicht verzichten.

1878 standen 5.200 ertragfähige Bäume in der Kronberger Gemarkung und noch heute stehen 170 stattliche Exemplare in den Parks und Grünanlagen der Stadt.

Bei der berüchtigten Schlacht von Kronberg 1389 zwischen der Freien Reichsstadt Frankfurt und den Herren von Kronberg rächten sich die Frankfurter, indem sie die im Kronberger Vorland stehenden Edelkastanienbäume schälen ließen, was ihre Vernichtung bedeutete. Dagegen wurden die Frankfurter Lösegelder zum Ausbau der bereits 1220 bezeugten Kronberger Burg verwandt. Diese Burg wurde übrigens 1891 von Kaiser Wilhelm II. erworben. Sie ist eines der schönsten Baudenkmäler im vorderen Taunus.

Schon gegen Ende des 18. Jahrhunderts wurden Kronberg und der Taunus von Frankfurter Malern entdeckt, Landschaft, Land und Leute in Bildern festgehalten. In der zweiten Hälfte des 19. Jahrhunderts etablierte sich in Kronberg sogar eine Malerkolonie unter den Frankfurtern Jakob Fürchtegott Dielmann und Anton Burger. Die nachfolgende Malergeneration suchte Verbindungen zu den neuen Kunstströmungen in Paris, zur Schule von Barbizon und schließlich zum Impressionismus.

Zutaten:

(für 4 Personen)
1 Pfund Eß-Kastanien,
1 dicke Zwiebel, 1 TL Zucker,
Salz, Pfeffer, etwas Fleischbrühe, ca. 100 g Butter.

Zubereitung:

Fein gehackte Zwiebeln in der Butter glasig werden lassen, Zucker dazugeben, ebenso geschälte Kastanien, Gewürze und Fleischbrühe. Alles nur umschwenken, nicht rühren. Als Beilage gekochte Ochsenbrust und Wirsinggemüse.

Rezept von
Helga und Ralf Hertenstein

Weilerknutsch

Der stellt sich oh
wej die Muck zom Kreppelbacke

Während der Vordertaunus mit seinem milden Klima und den guten Bodenverhältnissen einen relativen Wohlstand begründete, herrschte in den Hochtaunusdörfern im 19. Jahrhundert bittere Not und Armut.
Neben der Nagelschmiedeindustrie entstanden Hausgewerbe wie das Strohflechten und ab 1853 das Filetieren, eine Handarbeitstechnik, bei der ein Baumwoll- oder Seidenfaden zu Netzen geknüpft wird. Aus diesem entstanden Handschuhe, Haarnetze, Decken, Kissenbezüge und manch andere textilen Schätze. Doch die Mode ging über diese Handarbeitskunst hinweg. Zudem war die Entlohnung der Frauen und Mädchen sehr gering: sie erhielten um die Jahrhundertwende einen Stundenlohn von drei bis vier Pfennigen!
Viel wird in der Gegend von den Raubrittern von Reifenberg erzählt, deren Burg 1331 erstmals erwähnt wird. Die Sage vom Raubritter Walther von Reifenberg, der den Frankfurtern das Vieh weggenommen und Messekaufleute ausgeraubt hat, ist noch gegenwärtig. Vor Mord und Entführung schreckten die Reifenberger ebenfalls nicht zurück – schaurige Geschichte um eine idyllische Burg, die zu den besterhaltenen Ruinen im Taunus gehört.
1686 starben die Reifenberger aus: die Grafen von Bassenheim erbten den Besitz und die Schulden, zu deren Abtrag sie bis 1726 brauchten! Erinnerungen an alte Zeiten werden auch wach beim Besuch der ältesten hessischen Falknerei auf dem Hohen Feldberg, unweit von Schmitten. Im Taunus war noch bis vor 200 Jahren die Jagd mit Steinadlern und Falken üblich. Der Besitz eines solchen ausgebildeten Vogels galt auf den Taunusburgen als großer Reichtum.

Zutaten:
(für 4 Personen)
1 kg Kartoffeln, knapp 1 l Milch, Salz, 150 g Speck, 40 g Schmalz, 50 g Mehl, gut ½ l Milch, 6 große Zwiebeln.

Zubereitung:
Kartoffeln waschen, schälen, in Stücke schneiden und mit Salz kochen. Wasser abgießen, Kartoffeln zerdrücken, 1/4 l Milch unterziehen. Das Püree soll ziemlich fest bleiben. Während der Kartoffelgarzeit Schmalz erhitzen, Mehl darüberstäuben und helle Einbrenne rühren. Milch zugeben, knapp 10 Minuten kochen lassen. In einer Pfanne Speck knusprig braten, herausnehmen und im Speckfett Zwiebelringe bräunen. In das Püree eine Kuhle formen. Heiße Einbrenne darübergeben, ebenso Zwiebeln und Speckfett. Dazu schmecken gebratene Bauernwürste, Apfelmus oder eingemachte Birnen.

Rezept von Lotti Zingel,
Renate Bausch, Margot Fischer

Rezept Nr. 4   Hofheim

Käsetorte

Doas geht 'm Duwel
off de Fauerherd!

„Den Rücken des Maintaunus durchschneidet das Tal der Kriftel oder schwarzen Forellenbach, welche bei Waldkriftel entsprungen, nach langem Schlangenlauf zwischen Wiesen, Wäldern und Felsen bei Hofheim in die Mainebene tritt und bei Okriftel mündet," schreibt der Schriftsteller Karl Simrock 1839. Die romantischen Zeitgenossen haben die Täler und Höhen als „nassauische Schweiz" bezeichnet.

Hofheim ist heute ein moderner Industrieort und Sitz der Kreisverwaltung des Main-Taunus-Kreises. Ein Römerkastell weist auf eine frühe Besiedlung hin, obwohl die erste urkundliche Erwähnung aus dem Jahre 1050 stammt. 1352 erhielt Hofheim Stadtrechte. Im dreißigjährigen Krieg wurde es 1640 zur Hälfte niedergebrannt. Heimatverbundene Hofheimer widmen sich der örtlichen Tradition und dem Brauchtum. Hierzu gehört auch die Rekonstruktion der alten „Ländchestracht", die in den benachbarten Dörfern noch bis zur Jahrhundertwende getragen wurde. Die Maler der Romantik haben das schmucke Erscheinungsbild der vorab in blauen Farben gehaltenen Kleidung in zahlreichen Aquarellen und Zeichnungen festgehalten. Die Frauentracht zeigte noch modische Einflüsse aus dem 18. Jahrhundert: weitausladende Röcke, leichtes Schuhwerk auf hohen Absätzen und vor allen Dingen das mit Fischbein korsettartig gearbeitete Mieder mit prallen Wülsten als Auflager der Röcke. Ein mit reicher Durchbrucharbeit verziertes Häubchen vervollständigte das Kostüm.

Zutaten:

(für 1 Springform)
Mürbteigboden aus 200 g Mehl, 80 g Zucker, 1 EL Rahm, 1 Ei, 140 g Butter, 1 EL Arrak, Zitronenschale.
Füllung: 750 g Schichtkäse, 80 g Zucker, 4 Eidotter, Schale von 1/2 Zitrone, 80 g Korinthen, 4 Eischnee. 300 g Milch, 30 g Mehl, 1 EL Butter.

Zubereitung:

Mürbteig kneten und damit Boden und Rand einer Springform bedecken. Milch mit 30 g Mehl und 1 EL Butter gut aufkochen und kaltstellen. Schichtkäse 3 Stunden in einem Sieb abtropfen lassen. Alle Zutaten der Füllung (außer Eischnee und Korinthen) gut verrühren und durch ein Sieb streichen, dann Eischnee und Korinthen zugeben und auf dem Teigboden verteilen. Torte 30 Minuten bei 200 Grad backen. Zum Abdampfen der Feuchtigkeit Tortenrand dann schräg mit einem Messer einschneiden. 15 Minuten weiterbacken, 15 Minuten abkühlen und weitere 15 Minuten backen. Backofen abschalten, Torte im Rohr abkühlen lassen.

*Rezept von Erika Satter,
Hausfrauenverein Hofheim*

Rezept Nr. 5 — Usingen

Wissegemois
Eich hun suhn Hahshunger uff was Greunes.

Gemüse und Kräuter reicherten den ländlichen Speisezettel im Taunus an. Besonders den Kräutern kam in der Volksmedizin und im Volksglauben besondere Bedeutung zu: ein Kränzchen aus Gundermann geflochten spielte als Zaubermittel eine Rolle; im Frühjahr wurden die Kühe durch das Kränzchen gemolken, damit sie das ganze Jahr über Milch gaben!

Am Pfingstdienstag holte man das Wasser vom „Pfingstbrunnen", dem man besonders günstig wirkende magische Kräfte zuschrieb. Noch heute formieren sich in vielen Orten des Usinger Landes die Kinder zum Umzug der „Laubmännchen". Es sind meist die Kinder des jeweiligen Konfirmandenjahrgangs. Ein Junge wird mit Buchenlaub umwickelt; er trägt neben einem mit schwarzer Farbe angemaltem Bart eine mit Blumen umwundene Krone. Die nachfolgende Schar der Dorfjugend wird von zwei Jungen, die lange „Buchenflatschen" tragen, zusammengehalten. Sie bitten um Eier und Speck und sagen alte Heischesprüche auf, wie:

„Gocke die Gocke die Gaier, die Hinkel leje Aier, de Kuckuck säuft de Dorrer aus, drum gebt uns Speck und Aier raus ..."

Dörfliches Brauchtum - nicht nur aus dem Taunus - kann man im Hessenpark bei Neu-Anspach erleben: seit 1974 baut das Land Hessen dort ein zentrales Freilichtmuseum mit typischen Haus- und Hofformen aus verschiedenen Regionen Hessens auf. Ausgewählte Gebäude, die an Ort und Stelle nicht erhalten werden konnten, hat man zerlegt und wiederaufgebaut. Oft finden an Wochenenden Veranstaltungen statt, in denen hessisches Brauchtum vermittelt wird. Im historischen Wirtshaus „Zum Adler" gibt es hessische Spezialitäten.

Zutaten:
(für 4 Personen)
ca. 1 kg junge Blätter von Löwenzahn, Beinwell, Giersch, Sauerampfer, Brennesseln, etwas Weinberglauch oder 1 Zwiebel, 1 EL Schmalz, 2 EL Mehl, Salz, Muskat.

Zubereitung:
Wiesengemüse waschen, in 3/4 l Wasser weichkochen und durch den Fleischwolf durchpassieren. Schmalz erhitzen, gehackte Zwiebel anschwitzen, Mehl dazugeben. Mit etwas Gemüsebrühe ablöschen, Gemüse zugeben, durchkochen und abschmecken. Dazu schmecken gekochte Eier und Salzkartoffeln.
Rezept von Rotraud Reiter

Gerstensuppe

*Dart leßt net vo Dart
un Speck fällt net vo de Schwoart.*

Die Burg Königstein erhebt sich als mächtige Ruine oberhalb des heilklimatischen Kurortes.
Der mächtige Kuno von Münzenberg gilt als Erbauer der Burg, die 1215 erwähnt wird, aber wahrscheinlich schon als stauffische Burg bestand. Beim Gang durch die düsteren Kasematten kann „der Schrecken einen einholen", wie Karoline Schlegel, eine der berühmtesten Gefangenen auf der Burg Königstein berichtete. Die Ehefrau des Shakespeare-Übersetzers und Philosophen Schelling wurde in den Revolutionswirren 1792 festgenommen und kam erst durch die Intervention des preußischen Königs frei. In den Revolutionskriegen versuchten die Franzosen die Burg samt Felsen in die Luft zu jagen. Bei der Sprengung kamen versehentlich 30 Soldaten der Franzosen ums Leben.
Wie Königstein zu seinem Namen kam? Nun, der Frankenkönig Chlodwig soll sich während seines Feldzuges gegen die Alemannen bei der Jagd im Taunus verirrt haben. Er setzte sich erschöpft auf einen Steinblock und zeichnete mit seinem Speer ein Kreuz auf das Gestein. Dieses spaltete sich plötzlich und eine wunderschöne Jungfrau in weißem Gewand stieg empor. Durch Zauberspruch war sie in den Berg gebannt und nur ein heidnischer König, der ein Kreuz auf den Felsen zeichne und zum Christentum übertrete, könne sie befreien. So teilte sie es dem König mit. Nachdem Chlodwig die Alemannen besiegt und sich hatte taufen lassen, eilte er an die Stelle im Taunus zurück und zeichnete erneut ein Kreuz auf den Felsen. Aber anstatt der Jungfrau erschien eine weiße Taube, die dreimal den Berg umkreiste und dann entschwand. Daraufhin baute er eine Kapelle im Tal und eine Burg auf dem Stein; die nannte er Stein des Königs – „Königstein".

Zutaten:
(für 4 Personen)
70–80 g Gerste,
1 l Fleischbrühe, 100 g Sellerie,
100 g Karotten, 50 g Lauch,
Bauchfleisch oder Schinkenwürfel nach Belieben, Salz, Pfeffer.

Zubereitung:
Gerste mit kleingeschnittenen Karotten und Sellerie in Wasser 3/4 Stunde kochen, nach 1/4 Stunde den kleingeschnittenen Lauch dazu. Bauchfleischscheiben hineingeben oder angebratene Schinkenwürfel.

Rezept von
Katharina Kaufmehl

Rezept Nr. 7 — Friedrichsdorf

Zwiebackpudding
Jl vient me fresser me Zwiebach.
(Friedrichsdorfer Französisch)

Gemessen an den meisten Städten und Dörfern im Taunus ist Friedrichsdorf eine junge Gründung. 1687 wurde die Ansiedlung von hugenottischen Siedlern als „nouveau village" durch Landgraf Friedrich II. von Hessen-Homburg gegründet und hat lange seine hugenottische Eigenart bewahrt auch in der Sprache, ein Gemisch aus verballhorntem Französisch und Deutsch. Es waren fleißige Handwerker, Strumpfwirker und Flanellweber, die sich hier mit ihren Familien niederließen.

Im Volksmund nennt man Friedrichsdorf auch „Zwiebackshausen". Das kommt von der fabrikmäßigen Herstellung des Zwiebacks, die seit 1803 urkundlich bezeugt ist. Die „Erfindung" des Zwiebacks wird den Holländern zugeschrieben. Für ihre Kriegs- und Kauffahrteischiffe kreierten sie ein Gebäck mit Namen „Beschuit". Weißbrot wurde in Scheiben geschnitten und auf beiden Seiten geröstet. So entzog man dem Brot die Feuchtigkeit; bei trockener Aufbewahrung war es fast unbegrenzt haltbar.

Der Legende nach soll ein Friedrichsdorfer Bäcker in holländischen Diensten Kenntnis vom Zwieback und seiner Herstellung erlangt haben. Wieder in seinem Heimatort angekommen, verfeinerte er das Rezept durch Hinzunahme von Butter, Zucker und anderen Zutaten, ohne das Herstellungsverfahren zu verändern. Dieses feine Gebäck fand nun unter dem Namen „Friedrichsdorfer Zwieback" sehr schnell großen Anklang, besonders bei den Bad Homburger Kurgästen und bei den ortsansässigen Bäckern. So entstanden produktionskräftige Fabriken, zuweilen bis 10 an der Zahl. Die Popularität des Zwiebacks ließ die konkurrierenden Bäcker außerhalb Friedrichsdorfs nicht ruhen, die ihrerseits „Friedrichsdorfer Zwieback" anboten.

Zutaten:
(für 4 Personen)
1 l Milch,
2 Päckchen Vanillepudding,
200 g Zwieback,
500 g Rhabarber.

Zubereitung:
Pudding kochen. Glasform mit Zwieback auslegen. Die Hälfte des Puddings darübergießen, die Hälfte des gekochten Rhabarbers daraufgeben. Dann erneut Zwieback auslegen, mit restlichem Rhabarber und Pudding bedecken. Im Backofen ca. 50 Minuten bei 180–200 Grad backen.

Rezept von Roswitha Pauly

Reh mit Hutzeln

*Heinrich, goks noch emol,
's reucht so guud nach Sußeflaasch.*

Der Hausberg der Frankfurter, der Feldberg, wurde erst in der zweiten Hälfte des 19. Jahrhunderts touristisch erschlossen. Es sind aber einige der älteren, beschwerlichen Besteigungen des Berges bekannt. 1818 beschreibt der Chronist A. Kirchner den Aufstieg: „Um den Feldberg vor Sonnenaufgang zu besteigen, pflegt man gewöhnlich im höchsten Sommer bald nach Mitternacht mit einem Wegweiser von Kronberg aufzubrechen. Nicht lange, so tritt der Wanderer in den herrlichen Wald ein, der die zweite Stufe des Berges umgibt. Der kahle Gipfel endlich ist nur mit Heide bedeckt. Auf der erhabensten Stelle steht eine hohe pyramidenförmige, zum Behufe von Messungen errichtete und weithin sichtbare Signalstange"

In dieser Zeit schon erlangte der Feldberg als Ausflugsziel eine immer größere Beliebtheit. Zunächst waren es die nach verfassungsmäßiger Freiheit strebenden Hanauer Turner, die sich 1816 zu einer Fahrt zum Großen Feldberg begaben. 1842 erfolgte der Aufruf zum Bau eines Wartturmes (Aussichtsturmes). Aber erst das von August Ravenstein organisierte große Turnfest 1844 kann als die eigentliche Geburtsstunde der Taunustouristik gelten. Beim 5. Feldbergfest 1848 zählte man nahezu 10.000 Besucher. 1868 wurde dann der Taunusklub auf dem Großen Feldberg gegründet.

Auch der Hintertaunus mit seinen reizvollen Tälern lädt den Besucher in gastlicher Atmosphäre zur Rast ein. Die einst klappernden Mühlen an den klaren Bächen mahlen schon lange kein Korn und Getreide mehr. Die meisten sind in stilvolle Gasthäuser umgewandelt worden.

Zutaten:
(für 4 Personen)
600 g Rehfleisch, ½ Zwiebel,
2 TL Paprika, 200 g Backobst,
ca. ¼ l Apfelwein,
3 EL Apfelmus
ca. ⅛ l geschlagene Sahne.

Zubereitung:
Rehfleisch in ½ cm dicke, 3 cm lange Streifen schneiden, in heißer Pfanne kurz und kräftig anbraten, gehackte Zwiebel mitbraten. Mit Apfelwein ablöschen, Apfelmus und eingeweichtes Backobst dazugeben. Geschlagene Sahne unterrühren. Dazu eine Kartoffelrolle: Teig aus Kartoffeln, Salz, Muskat, Kartoffelmehl und Eiern ausrollen. Feingehackte Zwiebeln und Speck auslassen und darüberstreichen. Ebenso gehackten Spinat mit Kräutern auf dem Teig verteilen. Roulade wickeln, mit Ei bestreichen und abbacken. In Scheiben zum Reh servieren.

*Rezept von Familie Stöckl,
Landsteiner Mühle*

Regge Kuche
Trocken Brot macht Wangen rot.

Die Orte im Hintertaunus scheinen wie Oasen der Ruhe und Geborgenheit in einer schnellebigen Zeit. Hier trifft der Wanderer auf älteste Siedlungsspuren wie Hügelgräber aus der Jungsteinzeit, die der Volksmund in Unkenntnis der historischen Bedingungen „Hühner- oder Hünerberge" nennt. Die bekannte „Hünerstraße" ist die Bundesstraße 417 Wiesbaden-Limburg.

Doch noch im vorigen Jahrhundert war der Taunus alles andere als ein einladendes Urlaubsparadies. Die Kartoffel galt zu dieser Zeit als Hauptnahrungsmittel der Taunusbevölkerung. Für einen aus sieben Personen bestehenden Haushalt bestand das Mittagessen aus Kartoffelsuppe. Die Zutaten: viereinhalb Kilo Kartoffeln, ca. 60 g Rindsfett, Salz und Gewürze und vier Liter Wasser. Dazu aß man 375 g Brot. Abends gab es die gleiche Menge an Kartoffeln als „Gequellte" zu Kaffee oder zu einem Topf Dickmilch.

1851 mißriet die Kartoffelernte und das führte zu ungeahnter Not. Daraufhin gründete der Frankfurter Dr. Friedrich Scharff ein Hilfskomitee, das 900 Gulden sammelte, um das darniederliegende Handwerk zu fördern.

In Gräfenwiesbach befindet sich noch eines der wenigen erhaltenen und intakten Dorfbackhäuser – dank der Stammtischgesellschaften des Ortes.

Zum Heizen des Backofens benutzt man Buchenwellen. Sie machen das Brot oder den Kuchen besonders schmackhaft. Will man den Backvorgang gründlich überwachen, so zieht man gegen Ende eine Kornähre durch den Ofen: an der Bräune der Ähre kann man dann Rückschlüsse auf die Qualität des „Backes" schließen. Als „Kneller" wird dann das Brot oder der Kuchen bezeichnet, wenn er trotz aufmerksamen Überwachens doch nicht zur Zufriedenheit gelungen ist! Unter den Kuchen mit Brotteig als Unterlage ist der „Griewe-Schejke" und der „Regge-Kuche" besonders beliebt.

Zutaten:
(für 1 Blech)
ca. 1 kg Brotteig,
4 Scheiben durchwachsener Speck, 5 Zwiebeln, Salz, Pfeffer, Kümmel, 1/8 l saure Sahne, 2 Eier.

Zubereitung:
Speck würfeln und glasig braten. Im Speckfett gewürfelte Zwiebeln etwas andämpfen. Roggenteig auf Blech auswellen. Schmand mit Ei verquirlen und auf Teig verteilen. Ebenso Speck, Zwiebeln, Salz und Pfeffer. Im Backofen ca. 20 Minuten backen.

Rezept von Else Keuer

Königszunge

Kapaunen und Fisch sind für den Herrentisch.

Der Prince of Wales und das russische Zarenpaar waren wohl die berühmtesten Kurgäste von Bad Homburg, der ehemaligen Residenz der Landgrafen von Hessen-Homburg. Landgraf Friedrich II. Er ist mit dem „Silbernen Bein" durch Kleists Schauspiel legendär geworden. Die silberne Beinprothese des „Prinzen von Homburg" ist als Reliquie im Schloßmuseum aufbewahrt.

1809 war der Ludwigs- und 1834 der Elisabethenbrunnen entdeckt worden. Das eigentliche „Geburtsjahr" für die Entwicklung Homburgs zum Badeort aber datiert um 1840. Landgraf Philipp schloß mit den Franzosen Françoise und Louis Blanc einen Pachtvertrag ab. Er berechtigte sie 30 Jahre lang die Mineralquellen zu nutzen und eine Spielbank zu betreiben. Die Blancs taten alles, um das „Drecknest", wie sie Homburg bezeichneten, binnen kürzester Zeit zu einer schmucken Kurstadt mit hotelartigen Logierhäusern, Geschäften, Kaffees, einem Kurgarten und seit 1847 einem Badehaus zu entwickeln.

Die Kurliste um die Jahrhundertwende las sich wie ein „Bade-Gotha": Grafen und Prinzen, Lords und Großfürsten, Scheichs und Maharadschas, Kaiser, Könige und Zaren gaben sich in Homburg ein Stelldichein. Der Zar von Rußland legte den Grundstein für eine Russische Kapelle und der Prinz of Wales sorgte seit den 1880er Jahren bei seinen zahlreichen Homburg-Aufenthalten für rauschende Festlichkeiten und Gesprächsstoff. Der von ihm kreierte „Homburg-Hut" hat den Namen der Stadt in aller Welt zu einem Begriff werden lassen.

Der König von Siam stiftete schließlich aus Dankbarkeit für empfangene Heilung einen Tempel. Ihm zu Ehren wurde auch eine neuentdeckte Heilquelle nach seinem Namen Chulolongkorn-Quelle benannt. Im Jahre 1907 feierte er in Bad Homburg seinen 54. Geburtstag und sein 40jähriges Regierungsjubiläum. Alle Gesandten Siams in Europa kamen nach Bad Homburg und nahmen an einem Galadiner mit abschließendem Feuerwerk teil. Am Abend gab es ein Souper für 555 Personen. Die Menuekarte hat sich im Archiv erhalten.

Zutaten:

(für 4 Personen)
2 Kalbszungen, 1 Karotte,
1/2 Lauch, 1/8 Sellerie,
1/2 Zwiebel, 2 Lorbeerblätter,
1 Rosmarinzweig, Salz,
Pfefferkörner, 3 l Wasser,
1/4 l Weißwein.

Für die Soße:
je 1/4 l Madeira und Rotwein,
3 gewürfelte Schalotten, 20 g Mehl, 1/4 l Zungenfonds, 1/8 l Kalbsjus, 20 g Petersilie.

Zubereitung:

Wasser und Wein mit Gemüse ansetzen, Zunge und Gewürze dazugeben, knapp 2 Stunden garen lassen. Zunge herausnehmen, in Eiswasser abschrecken, Haut abziehen, warm stellen. Für die Soße: Wein, Madeira und Schalotten auf gut 1/3 einkochen, mit Mehl abstäuben, 1/4 l Zungenfonds und Kalbsjus dazu und auf 1/3 einkochen. Soße mit gehackter Petersilie bestreuen.

Rezept von Mattias Döring, Ralf Stang, Peter Kofler

Die Sage vom treuen Fräulein von Reifenberg

Ein Ritter von Hattstein zog in das Heilige Land, und das Fräulein von Reifenberg versprach, in Treue auf ihn zu warten. Wenn übers Jahr die Wildgänse vom Süden her über die Berge zögen, wollte er wiederkommen und Hochzeit mit ihr halten. Er ritt weg durch den jungen, grünen Wald mit viel Volk. Oben auf dem hohen Stein der Königin Brunhilde aber stand das Fräulein und ließ ihren weißen Schleier immer noch wehen, als der Ritter ihn schon längst nicht mehr sehen konnte.

Das maigrüne Laub färbte sich dunkler, das reifende Korn wurde goldgelb und fiel unter der Sichel des Schnitters. Der Herbst kam, und der Wald flammte noch einmal auf, ehe der Winter einzog. Schnee deckte die Erde, das Eis zwang Weiher und Flüsse, und nur die lebendigen Quellen, vom Herzblut der Berge genährt, sprangen weiter, bis endlich der Frühling wiederkehrte mit Gras und Blumen und hellem Sonnenschein. Und als der erste Zug der Wildgänse über den Feldberg hinwegflog, stand das Fräulein von Reifenberg hoch oben auf dem Stein der Brunhilde und ließ ihren weißen Schleier im Winde flattern, damit ihr Liebster ihn schon aus weiter, weiter Ferne sehen möchte, zum Zeichen, daß sie in Treue auf ihn warte. Doch er kam nicht. Nur wenige von denen, die ausgezogen waren, sahen die Heimat wieder; die anderen fielen im Kampf mit den Ungläubigen, verschmachteten unter der Wüstensonne oder mußten dem Sultan als Sklaven dienen. Nur ein kümmerlicher Rest fand den Weg zurück. Still und stumm zogen die Kreuzfahrer ihre Straße, der Ritter von Hattstein war nicht dabei und auch kein Knecht aus seinem Gefolge, daß er hätte Kunde bringen können.

Seine Liebste aber stand auf dem Stein und wartete; sie ließ den Schleier wehen Tag für Tag, Woche für Woche, Jahr für Jahr. Ihre Füße drückten sich allmählich ab in dem Felsen, sie stand und wartete. Da hatte Gott Erbarmen, und ihre Brüder fanden sie eines Tages tot.

Wo sie gestanden und gewartet hat in Liebe und Treue, zeigt der Brunhildenstein heute noch die Spuren ihrer Füße.

Aus Taunus-Sagen,
Hirschgraben-Verlag, Frankfurt

X Appetitliches aus dem Frankenberger Land

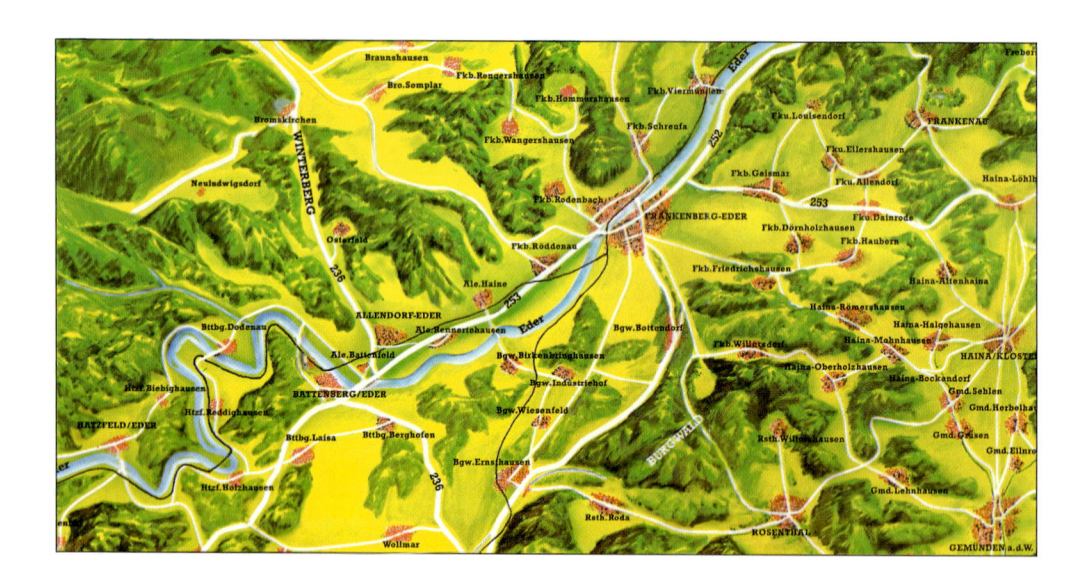

Sanfte Mittelgebirgshöhen zwischen Rothaargebirge, Burgwald und Kellerwald durchziehen das Frankenberger Land, südlicher Teil des Landkreises Waldeck-Frankenberg. Die Eder zwischen Quelle und Edersee verbindet als blaues Band diese Waldregion, in der vor Jahrhunderten die Landgrafen von Hessen zur Jagd zogen. Eine immer noch wildreiche Landschaft mit lichten Buchenwäldern, stillen Seitentälern und Fischgewässern ist für viele Fremdengäste Jahr für Jahr Anziehungspunkt. Rund 500.000 Übernachtungen von Feriengästen werden jährlich in den Fremdenverkehrsorten des Ederberglandes gezählt.
Besonderer Anziehungs- und Mittelpunkt des Frankenberger Landes ist die auf einem Bergsporn gelegene Stadt Frankenberg, deren mittelalterlicher Stadtgrundriß an ihre Funktion als fränkischhessische Grenzmark im Ederraum erinnert.
Die Landwirtschaft in den nicht gerade begünstigten Höhenlagen des Frankenberger Landes ist in den vergangenen Jahren mehr und mehr zurückgegangen. Industriestandorte bildeten sich insbesondere in Frankenberg, Allendorf/Eder, Battenberg und Burgwald heraus und bieten vielen Menschen Arbeit. Dennoch sind dörfliche Kultur, die Pflege von ländlichem Brauchtum und Geselligkeit wieder verstärkt Teil des sozialen Lebens in den gastlichen Gemeinden des Frankenberger Landes geworden.

Das Frankenberger Land

Das Frankenberger Land war schon früh besiedelt. Die Weinstraße, die einst vom Alpenvorland über das Mittelrheingebiet und Marburg nach Münster bis zur Nordsee führte, durchmaß auch das Land an der Eder. Mittelpunkt der Region ist Frankenberg. Die Stadt hat ihren Namen möglicherweise aus der Zeit des Kampfes der Franken gegen die Sachsen, die in der Siegfriedsage erwähnt wird. Noch heute gibt es an der Eder Sagen und Geschichten über diesen Kampf vor 1.200 Jahren. So schaut man vom Dorf Laisa aus weit auf ein ehemaliges Schlachtfeld, auf dem sich die Truppen der Sachsen und Franken begegnet sein sollen. Es gibt sogar eine „Kaisereiche", unter der dem Volksmund nach Karl der Große den Kampf verfolgt haben soll. Um die Vorherrschaft an der Eder kämpften zuvor bereits Römer und Chatten und später waren es die Landgrafen von Hessen-Thüringen und die Erzbischöfe von Mainz, die sich das Land streitig machten. Seine Rolle als Paßlandschaft, über die wirtschaftlicher wie kultureller Austausch stattfand, und nicht zuletzt auch die zahlreichen Bodenschätze machten das Frankenberger Land zum Zankapfel zwischen weltlichen und geistlichen Herren.

Eine große Rolle spielte dabei auch das Kloster Haina, das bekannte Künstler der Zeit in seinen Dienst verpflichtete – so vor allem den „Meister Lipsen", wie sich der berühmte Bildhauer des 16. Jahrhunderts Philipp Soldan in den Klosterrechnungen nannte.

Die Küche der Region wird geprägt von den dörflichen Haushalten. Die Gerichte auf dem Land waren einfach und deftig – dabei aber gut gewürzt! Legendär geworden für Frankenberg sind der „Meerch" (Meerrettich) und der „Hong" (Zuckerrübensirup).

Für die 20. Folge von Hessen à la carte packen Michaele Scherenberg und Karl-Heinz Stier ihren Picknickkorb in einen DKW Junior, der zum Jubiläum persönliche Erinnerungen weckt: mit einem solchen Wagen war Karl-Heinz Stier bereits vor 20 Jahren in Hessen unterwegs!

Kichelblätze

Wecke gibt faule Säcke.

Zu den Speisen, die mit dem Brauchtum der Jahreszeiten aufs engste verknüpft waren, gehören die „Kräppel" und die „Kichelblätze". Sie wurden an Neujahr den Gästen und den Kindern, die das neue Jahr anwünschten, überreicht. Hatten die Kinder in der Nachbarschaft ihre Segenswünsche überbracht, riefen sie laut „Kräppel raus! Woarscht raus!". Die Paten der Kinder, „Gote" und „Petter" genannt, besuchten zu Neujahr die Häuser der Patenkinder mit einem Geschenk. Die Gäste wurden mit „Kichelblätze und rörer Woarscht" bestens bewirtet. Zu den traditionsreichen Waffeln gehörte neben der roten Wurst aber auch der sogenannte „Höng". Mit dem aus Zuckerrüben gekochten Sirup, der zähflüssig wie Honig ist, wurden die Kichelblätze bestrichen.

Die Rennertehäuser pflegen die Erinnerungen an alte Bräuche in ihrem kleinen Heimatmuseum. Dort kann man sich auch über die einstige Flachsverarbeitung informieren. Die Frauen bearbeiteten den fasrigen Flachs mit verschiedenen Geräten und sponnen daraus Leinenfaden. Im Winter wurde der Webstuhl in der Wohnstube aufgestellt.

Das Leinen gehörte zur Aussteuer jedes Bauernmädchens. Unter anderem mußte die junge Braut 50 Leinenhemden besitzen, mindestens eines für jede Woche des Jahres!

Zutaten:

(für 15 Personen)
1 Päckchen Hefe,
1 ½ l Milch, 6 Eier,
3 ½ Pfund Mehl,
8 große Kartoffeln,
500 g Butter, Salz,
Speckschwarte.

Zubereitung:

Aus Mehl, Milch, Hefe und Eiern einen Teig rühren. Kartoffeln schälen, reiben und unter den Teig rühren. Flüssige Butter dazugeben, ebenso ein wenig Salz. Waffeleisen mit Speckschwarte ausreiben und vom Teig nach dem Gehen hineinschöpfen. Kichelblätze mit Butter oder „Höng" bestreichen oder rote Wurst in Scheiben ausbacken und heiß dazu essen.

*Rezept von
Katharine Battenfeld*

Bauernschmaus

Schüster la lei en Däeller vull Brei
en Däeller vull Wanze de Schüster sall danze *(Kinderlied)*

Zu den bedeutendsten Künstlern des Frankenberger Landes gehört Philipp Soldan, der im 16. Jahrhundert als Formschneider für Ofenplatten und als Holzschnitzer berühmt geworden ist. Im Kreisheimatmuseum im ehemaligen Nonnenkloster Sankt Georgenberg in Frankenberg kann man über 30 kuriose geschnitzte Balkenköpfe einer einstigen Kirchenempore bewundern. Die intensiven Porträts zeigen Soldans künstlerische Gabe für tiefe lebendige Ausdruckskraft. Auf den Balkenköpfen finden sich auch bäuerliche derbe Gesichter und Tiergestalten der Landwirtschaft. In die Zeit Soldans reichen einfache Bauerngerichte zurück wie der „Bauernschmaus", bei dem Reste aus der Speisekammer zu einem schmackhaften Essen zusammengerührt wurden. Soldan machte sich auch als „Meister der Ofenplatten" einen Namen. Die Eisenplatten wurden zu mächtigen Öfen für Schlösser und Adelshöfe zusammengefügt. Für die Eisenplatten wurden Model von Künstlern wie Soldan geschnitten. Beim Gießen konnte man diese Formen mehrfach verwenden. Soldan benutzte als Vorlagen oft Holzschnitte und Kupferstiche von Lukas Cranach oder Albrecht Dürer.

Noch heute stellt das Ausgangsmaterial Eisen die letzten Schmiede im Frankenberger Land vor handwerkliche und künstlerische Aufgaben. In der Region des Fremdenverkehrs erhalten Kutschen und Pferde für Ausflüge neue Bedeutung.

Zutaten:

(für 4 Personen)
150 g harte rote Wurst,
150 g Leber- oder Blutwurst,
150 g durchwachsener Speck,
1 Zwiebel, 3 Eier,
2 Gewürzgurken,
1/2 l Wasser,
etwas Mehl, Kräuter.

Zubereitung:

Kräuter, Wurst, Speck kleinschneiden und knusprig anbraten. Kleingeschnittene Zwiebel zugeben, andünsten, mit Wasser auffüllen. Gekochte Eier und Gurken kleinschneiden und dazurühren. Alles aufkochen, mit Mehl andicken und mit gehackten Kräutern verfeinern. Dazu Salzkartoffeln und Salat.

Rezept von Inge Freitag

Rezept Nr. 3 — **Haubern**

Schepperlinge
Dem Leckermaul geht alles das rote Läppchen hinunter.

Eine anspruchslose und dabei sehr schmackhafte Speise sind die Schepperlinge, die früher gerne zum Ernteschmaus gereicht wurden. Bis heute halten die Trachtengruppen und Landfrauen in Haubern an diesem alten Rezept fest. Die Fladen aus geriebenen Kartoffeln gibt es mit Butter zu Festen, bei denen die Gruppen in der alten Tracht ihrer Region tanzen.

Noch heute tragen im Frankenberger Land einige ältere Frauen die überlieferte Bauerntracht. Die Tracht ist nicht farbig wie in der Schwalm, sondern erinnert mit ihren dunklen Tuch- und Beiderwandröcken eher an die Marburger Tracht. Blau, grau, braun und schwarz sind die in zahlreiche Falten gelegten Röcke. Der mit schwarzem Samt geschmückte Bandbesatz war früher auch Zeichen für den sozialen Stand der Trägerin. Werktags hatten die Frauen blaue Leinenschürzen an, zum Sonntag gehörten Seidenschürzen mit Spitzenbesatz. Die Männer trugen alltags den blauen Leinenkittel, sonntags ein fein besticktes Hemd.

Wenn auch die alten Trachtenträgerinnen weniger werden, so haben sich in den Dörfern doch zahlreiche Menschen der Pflege der heimischen Tracht angenommen. Viele lassen die alten Stücke von der letzten Trachtenschneiderin in der Region aufarbeiten oder neue nähen. Rita Wagner in Laisa fertigt mit Liebe zum Detail originalgetreue Trachten nach alten Vorlagen für hessische Gruppen.

Zutaten:
(für 4 Personen)
5 kg Kartoffeln,
2 Eier, 3 EL Mehl,
etwas Salz,
Speckschwarte,
Butter.

Zubereitung:
Rohe Kartoffeln schälen, reiben, Flüssigkeit abseien. Kartoffeln mit Eiern, Mehl, Salz vermengen. Eine Pfanne mit Speck ausreiben und den Teig portionsweise auf beiden Seiten zu kleinen Fladen braten. Heiß mit Butter bestreichen oder in „Duckfett" stippen, für das kleingeschnittene Zwiebeln in Schmalz glasig gedünstet werden. Früher briet man den Teig übrigens auf einem runden Spezialeisen oder direkt auf der Ofenplatte!

Rezept vom
Hauberner Landfrauenverein

Rezept Nr. 4 — Geismar

Gefüllte Ente

Gut gekaut ist halb verdaut.

Die reichen Bodenschätze im Frankenberger Land haben in früheren Zeiten das Erwerbs- und Wirtschaftsleben der Bewohner geprägt. Vom Mittelalter bis zum Ende des 18. Jahrhunderts wurden vor allem Erz, Kupfer, Blei und sogar Silber abgebaut. Stellenweise fand man in der Frankenberger Region auch Gold. Die Eder spülte oft winzige Goldplättchen aus tiefen Gesteinsschichten, so daß mancher Goldwäscher am Fluß sein Glück versuchte. Doch die Ausbeute in der Eder und beim Abbau unter Tage war nicht lohnend. Am Eisenberg, wo das Gold in Erz eingelagert war, konnten zwischen 1200 und 1620 innerhalb eines ganzen Jahres nur 2,3 kg Gold gewonnen werden. Das Edelmetall war eingeschlossen in ca. 1 Tonne Erz.

Ergiebiger waren der Erz- und Kupferbergbau auf der Höhe von Geismar zwischen 1521 und 1836. Bis auf wenige noch erkennbare Stolleneingänge ist vom ehemaligen Bergbau kaum mehr etwas zu erkennen.

Die Bodenschätze brachten kurzfristig sogar einen gewissen Wohlstand. Zu besonderen Anlässen fanden sich die Bergbeamten zusammen um zu verhandeln, zu beraten und auch um tüchtig zu tafeln. Dabei wurden gern gefüllte Enten, Hühner und Kapaune aufgetragen.

Zutaten:

(für 4 Personen)
1 Ente,
2 Brötchen,
1/4 l Milch,
1 Apfel, 1 EL Salz,
1 TL Majoran,
1 EL Zucker,
1 EL Mehl.

Zubereitung:

Ente säubern und trockentupfen. Brötchen kleinschneiden, mit Milch übergießen. Kleingeschnittene Äpfel und Gewürze dazumengen. Ente damit füllen, dann mit Suppengrün in Wasser 1 Stunde kochen. Anschließend im Backofen oder Bräter 1/2 Stunde knusprig braten. Reis in Kochsud ausquellen lassen und als Vorsuppe reichen.

*Rezept von
Landfrauen Geismar*

Rezept Nr. 5 — Haina

Gebrannte Suppe
Es ist nicht alle Tage Kirmes.

Zum Heile ihrer Seele stifteten Graf Poppo von Ziegenhain und seine Frau Berta um 1140 das Zisterzienserkloster Haina. Das Kloster ist im wesentlichen bis heute erhalten geblieben. Das bedeutendste Sakraldenkmal der Anlage ist die Kirche, die im romanischen Stil begonnen und im Laufe der Bauzeit im gotischen Stil fortgesetzt wurde. Mit der Einführung der Reformation wurde das Kloster 1527 durch Landgraf Philipp den Großmütigen aufgehoben und in ein Hospital für kranke Männer aus der armen hessischen Landbevölkerung umgewandelt. Der sogenannte „Philipp-Stein" in der Klosterkirche – geschaffen von dem Künstler Soldan – zeigt den Landgrafen vor dem Hintergrund der Auseinandersetzung mit dem Clerus.

Das im 16. Jahrhundert gegründete mildtätige Hospital Haina besteht bis heute fort in Gestalt einer modernen psychiatrischen Einrichtung.

Mit Haina verknüpft ist die Malerfamilie Tischbein, deren Mitglieder teilweise im Dienst des Hospitals standen. Das Geburtshaus von Johann Heinrich Wilhelm Tischbein steht auf dem Gelände des ehemaligen Klosters. Berühmt geworden ist der Maler auch durch seine Freundschaft mit Goethe. Von Tischbein stammt das bekannte Gemälde „Goethe in der Campagna".

Bei Tischbeins in Haina war oft Schmalhans Küchenmeister. So nahm man gern vorlieb mit der in der Region oft gekochten „gebrannten Suppe", die je nach Vorräten mager oder gehaltvoller zubereitet werden kann.

Zutaten:
(für 4 Personen)
2 EL Fett, 4 EL Mehl,
1 große Zwiebel,
1 Porree, 1/4 Sellerie,
6 Kartoffeln, Salz, Majoran,
Kümmel, 2 l Fleischbrühe.

Zubereitung:
Mehl in heißem Fett stark bräunen! Zwiebelwürfel zugeben, mit Brühe auffüllen. Kartoffeln und Gemüse kleingeschnitten darin 30 Minuten kochen. Rote Wurst in Stücke schneiden und in die Suppe geben.

Rezept von Irene Kessler und Elisabeth Ochse

Rezept Nr. 6   **Laisa**

Kartoffelkuchen

*Man sieht an den Backen,
was die Zähne hacken.*

Die Ernte und das Dreschen des Brotgetreides nahmen in der landwirtschaftlich strukturierten Region des Frankenberger Landes früher eine herausragende Stellung im Jahreslauf ein. Bevor um 1915 die Dreschmaschinen aufkamen, wurde das Getreide mit dem Flegel gedroschen. Dafür stellten sich drei bis vier Mann zusammen. Die kräftezehrende Arbeit begann morgens um 4 Uhr. Mit nüchternem Magen mußte im Takt drei Stunden gedroschen werden. Erst dann gab es eine Frühstückspause - mit dem ersten Schnaps und manchmal auch mit einem Stück Kartoffelkuchen, der gern auch aufs Feld bei der Ernte hinausgebracht wurde.

Das Korn wurde nach dem Dreschen mit Wurfschaufeln in die Luft „gewoarft", dabei trennte sich die Spreu vom Korn.

Ungefähr alle drei Wochen wurde aus dem in Mühlen gemahlenem Korn in jedem Haus Brot gebacken. Die Reihenfolge der Familien, die das Dorfbackhaus benutzten, bestimmte das Los. Jede backwillige Frau warf dabei ein numeriertes Los in die Schürze der Backfrau. Zu diesem sogenannten „Backespeeln" trafen sich die Frauen des Dorfes am Sonntag im Backhaus.

Zutaten:

(für 6 Personen)
1 kg Mehl, 1 l Milch,
5 Kartoffeln,
1 Päckchen Hefe,
1 Handvoll Salz,
1 TL Zucker, ev. 1 Ei.

Zubereitung:

Hefe mit etwas Milch verkrümeln, rohe Kartoffeln schälen und reiben, etwas ausdrücken, 1/4 l heiße Milch darübergießen. Mit Hefe vermengen, Mehl, restliche Milch und ev. 1 Ei oder 1 Eiweiß dazugeben und einen steifen Rührteig schlagen. In Kasten oder Gugelhupfform füllen und 1/2 Stunde backen.

Rezept von Lieschen Seipp

127

Speckhecht

*Wer den Sonntag geht nach Vogel und Fisch,
hat die ganze Woche nichts auf dem Tisch.*

Die Eder galt früher als einer der fischreichsten Flüsse Europas. Heute ist sie wieder ein sauberer Mittelgebirgsfluß geworden. Neben Bachforellen findet man Weißfische wie „Döbel" oder „Schneider". In weiten Strecken ist die Eder an Fischereivereine verpachtet.

Bereits 1599 hatte Landgraf Philipp der Großmütige eine Fischordnung erlassen, die von Landgraf Georg II. von Hessen-Darmstadt erneuert wurde. Dieser hielt sich gern zum Salmenfang an der Eder auf. Die Lachsfischerei hatte ehemals große Bedeutung. Die Lachse zogen zur Laichzeit weseraufwärts in die Eder und kamen dort im Oberlauf zu ihren Laichplätzen. Die Lachse wurden bis 1.50 m lang und bis zu 45 kg schwer. Gefangen wurden in großen Mengen auch Junglachse. Überliefert ist, daß 1586 von Frankenberg aus 250 Sälmlinge nach Marburg ins Schloß geliefert wurden. Landgraf Ludwig IX., Marburgs letzter Schloßherr, scheint ein nimmersatter Fischesser gewesen zu sein. Von einer anderen Fischlieferung heißt es, daß 675 Forellen, 117 Hechte, 77 Aale und 210 Zentner Karpfen ins Schloß nach Marburg gebracht wurden.

Der Fischreichtum der Eder lockte auch die englische Hocharistokratie an die Eder. Noch heute findet sich am Ortsende von Hatzfeld das ehemalige Angelhaus einer blaublütigen englischen Angelgesellschaft. Das heutige „Hotel Ederlust" wurde einst erbaut vom Adjudanten des englischen Königs Edward VII. Jener ist auch als Frauenfreund und „Erfinder" des Homburger Hutes in die Geschichte eingegangen. In dem ehemaligen Angelhaus steht sogar noch ein Bett, in dem Churchill bei einem Ederbesuch übernachtet haben soll.

Zutaten:

*Hecht von 2–3 kg,
500 g Speck,
Salz, Pfeffer, Paprika,
Zitronensaft,
1 Sellerie,
4 Möhren,
2 Lauch,
2 Zwiebeln.
Speck zum Belegen.*

Zubereitung:

Hecht gründlich säubern und schuppen. Mit Zitronensaft, Salz, Pfeffer und mildem Paprika marinieren. In glasigem Speck gewürfeltes Wurzelgemüse kurz dünsten, mit Salz und Pfeffer würzen. Füllung in den Hecht geben, den Fisch mit Nadeln verschließen und mit Speckstreifen belegen. Bräter ölen, über Kreuz mit Speckstreifen auslegen und den Hecht darin bei 190 Grad ca. 1/2 Stunde backen.

Rezept von Familie Freitag

Stachelbeerwein

Alle Morgen Brandewein
macht die großen Taler klein.

Die hausgemachten Obstweine aus Beeren und Steinobst sind eine Spezialität vieler Frauen im Frankenberger Land. Wo sich eine Gruppe zum Schwatz trifft, wird heute wie früher gern ein Obstwein dazu getrunken.

Neuigkeiten wurden auch vom „Ausrappelmann" verkündet, der mit einer Ortsschelle durchs Dorf ging und an mehreren festgelegten Stellen seine Bekanntmachungen ausrief. In Willersdorf gab es noch bis in die 60ger Jahre einen Ortsdiener, der seine Mitteilungen zum „Ausrappeln" vom Bürgermeister erhielt. Bekanntmachungen mit der Ortsschelle waren früher die wichtigste Nachrichtenquelle. Und wer von den Dorfbewohnern etwa auf dem Felde gewesen war, der erkundigte sich beim Nachbarn: „Was hot dea dirre moarje de Oartsdiener gerappelt?"

Hört man im Frankenberger Land genau hin, wenn sich die Einwohner unterhalten, dann wird man ganz erhebliche Unterschiede in der Mundart feststellen. Die Ausdrücke unterscheiden sich zwar in Details bereits von Dorf zu Dorf, zusätzlich aber verläuft hier quer durch die Region die für die Sprachforschung so wichtige „Ick-ich-Linie". Sie trennt die oberdeutsche von der niederdeutschen Mundart und ist damit auch Grenze zwischen zwei Kulturräumen. Die beiden Gruppen oberhalb und unterhalb der Sprachgrenze werden scherzhaft die „Waldecker Dickköppe" und die „blinden Hessen" genannt.

Zutaten:

(für 10 Liter)
6 kg Stachelbeeren,
ca. 2,5 kg Zucker,
ca. 4 Liter Wasser.

Zubereitung:

Stachelbeeren zerdrücken und in einem Gefäß ca. 6 Tage stehen lassen bis sie gären. In ein nasses Tuch füllen und ausdrücken. Den Saft abmessen und mit der gleichen Menge Zucker mischen. In eine 10-Liter-Flasche geben, dabei den Rest mit Wasser auffüllen. Zwei Wochen lang täglich den Schaum entfernen, der sich durch die Gärung bildet und immer wieder mit Wasser nachfüllen. Nach vier Wochen den Stachelbeerwein in Flaschen gießen.

Rezept von
Margarete Klingelhöfer

Rezept Nr. 9 Battenberg

Rindfleisch mit Meerch

Wo mein Geldbeutel aufgeht, da räuchert meine Küche.

Battenberg, die Bergstadt im Wald, grüßt hoch über dem Edertal. 778 wird die entscheidende Schlacht Karls des Großen im Sachsenkrieg bei Laisa und Battenberg erwähnt. Das Geschlecht der Grafen von Battenberg starb bereits 1340 aus. Ihr Name wurde jedoch wiederbelebt: Großherzog Ludwig II. von Hessen-Darmstadt erhob eine polnische Hofdame, Julie von Hauke 1857 zur Gräfin von Battenberg. Sein Bruder Alexander hatte die schöne Frau am russischen Zarenhof kennen und lieben gelernt und die Hochzeit durchgesetzt. Eines der fünf Kinder des Paares, Sohn Ludwig von Battenberg begründete den britischen Zweig der Battenbergs. Diese benannten sich unter dem Eindruck des Ersten Weltkrieges ab 1917 um in „Mountbatten". Auch Prinz Philip, Herzog von Edinburgh und Gemahl von Queen Elizabeth II. stammt von diesem Ludwig von Battenberg ab. Die Wälder um Battenberg sind bis heute sehr wildreich. Die Landesfürsten auf dem Hause Hessen-Darmstadt kamen oft zur Jagd nach Battenberg und zum eigens errichteten Jagdschloß. Besonders die kapitalen Hirsche aus dem Battenberger Forst sind bekannt. Bei einer Zählung im Jahre 1702 waren es 101 Hirsche – darunter 8 Vierzehnender. Der bedeutendste Hirsch war der berühmte „Battenberger". Er wurde 1762 lebendig eingefangen und zum Jagdschloß Kranichstein bei Darmstadt gebracht. Das Hirschgeweih wies 32 Enden auf! Bei den Bürgern von Battenberg kam statt Wild Rindfleisch auf den Tisch. Besonders gern aß man dazu „Meerch" – also Meerrettich.

Zutaten:

1 kg Rinderbrust,
100 g Butter, 100 g Mehl,
1/4 l Milch,
je 1 Prise Salz, Pfeffer, Muskat und Zucker,
1/2 l Fleischbrühe,
100 g Meerrettich.

Zubereitung:

Rindfleisch kochen. Aus Butter und Mehl Mehlschwitze rühren, mit Brühe vom Rindfleisch ablöschen, mit Milch auffüllen, geriebenen Meerrettich unterrühren, aufkochen und würzen. Mit Salzkartoffeln zum Rindfleisch reichen.

Rezept von Oskar Schoppe

Rezept Nr. 10   Frankenberg

Krautkopf
Man brät die Wurst nach dem Mann.

Am Fuße des Berges, auf dem Frankenberg errichtet wurde, kreuzen sich zwei alte Heer- und Handelsstraßen. Sie waren für die Entwicklung des mittelalterlichen Städtchens von größter Bedeutung. Zu Beginn des 13. Jahrhunderts errichteten die thüringisch-hessischen Landgrafen hier inmitten des Machtbereichs der Mainzer Erzbischöfe eine Burg und eine Stadt, die sie fest ummauerten. Gestützt auf einen gesunden Kaufmanns- und Handwerkerstand wuchs das Gemeinwesen rasch. Die rege Bautätigkeit wurde jedoch 1476 durch einen Großbrand zunichte gemacht. Nur das Steinhaus blieb aus der Zeit vor dem Brand erhalten. Im 16. Jahrhundert begannen die Bürger mit dem Wiederaufbau ihrer Stadt. Das neue prächtige Fachwerkrathaus mit seinem verschieferten Obergeschoß und den zehn Türmen und Türmchen wurde 1509 vollendet und zeugt vom ungebrochenen Bürgerstolz der Frankenberger.

In der mächtigen Markthalle im Erdgeschoß boten Fleischer und Bäcker ihre Waren an. Die „Schirn" wird aber auch heute wieder als Marktort genutzt. Jeden Samstagvormittag kann man hier bei den Landfrauen und ihren Familien frische Waren aus der Region kaufen. Unter den heimischen Gemüsen findet sich auch der Krautkopf, der gern mit Fleisch gefüllt auf den Sonntagstisch kommt.

Zutaten:
(für 4 Personen)
1 mittelgroßer Weißkohl,
750 g Gehacktes,
1 altes Brötchen,
1 TL Salz, etwas Pfeffer,
etwas Senf, 2 Eier.

Zubereitung:
Weißkohlblätter vom Strunk lösen, Rippen flachschneiden, Blätter in Salzwasser halbweich kochen und etwas abkühlen lassen. Krautkopf- oder Gugelhupfform mit Krautblättern auslegen und abwechselnd Kraut und das mit Gewürzen und gewürfelten Eiern gemischte Hackfleisch einfüllen. Die untere und die obere Schicht muß aus Kraut bestehen. Im Wasserbad 1 Stunde bei Mittelhitze garen. Dazu reicht man Salzkartoffeln, helle Soße und wie früher etwas Apfelbrei.
Rezept von Doris Finger und Ami Neuschäfer

Alte Hausinschriften

Die Inschriften auf den Balken alter Fachwerkhäuser sind sehr lesenswert. Sie reichen vom Dank an Gott bis zu naiven und dabei vielfach treffenden Lebensweisheiten. Oft auch kann man aus ihnen auch Rückschlüsse auf den Erbauer, das Baudatum und die näheren Umstände des Hausbaues schließen. Schon Mitte des 16. Jahrhunderts tauchen lange Schriftbänder am Fachwerk auf. Dabei sind diese frühen Sprüche oft auch in lateinischer Sprache abgefaßt. Das mutet zunächst seltsam an in einer Zeit, in der große Teile der Bevölkerung kaum lesen und schreiben konnten. Man kann jedoch davon ausgehen, daß auf dem Land der Pfarrer die Texte auswählte.

Im 17. und 18. Jahrhundert werden die Hausinschriften freier und dabei oft sehr originell formuliert. So schrieb ein Bauherr: „Wenn die Kinder wohlgeraden und darin wohlgedeyhen und ein Stall voll Lämmer schreyen und das Weib den Mann erfreud, da ist gut ein Herze seyn." Viele Haussprüche richteten sich auch gegen Lästermäuler: „Ich fliehe meine Hasser, gleich als das Regenwasser, das von den Dächern fleußt und ob sie mich schon Meiden, so müssen sie doch leiden, daß Gott mein Helfer ist. Mit Humor wird auch immer wieder auf den Fachwerkbalken auf die hohen Kosten angespielt, die der Hausbau forderte. Anno 1777 klagt ein Bauherr: „Die Kosten hab ich nicht gewust. Hät ich mich zufor besonnen und bedacht so hät ich mich ans Bauen nicht gewagt."

Wer Uebles redet von mir
und den Meinen,
der geh erst nach Hause
und beseh die Seinen,
Findet er da kein Gebrechen,
so kann er von mir
und den meinen sprechen.

So mancher geht vorrüber
und nimmt das nicht in acht,
Daß jede Viertelstunde
sein Leben kürzer macht.

Die Jugend ist die Zeit der Saat.
Das Alter erntet die Früchte.
Wer jene nicht benutzet hat,
des Hoffnung wird zunichte.

Schau auf dich und nicht auf mich!
Tu ich Unrecht, bessere dich!
Denn glückselig ist der Mann,
der sich an anderer Sachen
bessern kann.

Zwei feste Stützen brechen nie.
Gebet und Arbeit heißen sie.

Besiehe deinen Lebenslauf!
Der Mensch geht wie die Rose auf,
und wie die Blätter fällt er ab,
bis man ihn ins kühle Grab.

Bauen ist eine Lust,
wer Geld hat und die Kost.
Geschnittenes Holz
und gehauener Stein
machen dem Bauherrn
den Geldbeutel rein.

(Aus „1200 Jahre Laisa")

Inhalt

I Allerlei Essen aus Kassel und Umgebung	3
„Die Nationalgerichte, die den Kasselanern eigen..."	4
Frischlingskeule (Sababurg)	5
Köhlersuppe (Gottsbüren)	6
Bierbrocken (Lippoldsberg)	7
Kaffeecreme (Hofgeismar)	8
Strünkchen (Niederzwehren)	9
Selleriebowle (Kassel)	10
Hutzelkasseler (Kassel)	11
Worzelworscht (Grebenstein)	12
Laubfrösche (Bad Karlshafen)	13
Welscher Hahn (Wilhelmsthal)	14
Die Lebenszeit – Ein Kasseler Märchen	15
II Delikates aus Kinzigtal und Spessart	16
Zwischen Main, Kinzig und Spessart	17
Semmete (Steinau)	18
Krautsuppe (Flörsbachtal)	19
Äppelsranzen (Sinntal)	20
Heidelbeerwein (Bieber)	21
Speckkartoffeln (Schlüchtern)	22
Goldene Schnitten (Wilhelmsbad)	23
Apfelweinsoße (Maintal)	24
Grombirnsgemüs (Jossa)	25
Ochsenlende in Wurzelsud (Gelnhausen)	26
Orber Esterhazy (Bad Orb)	27
Von Linsen, Grombirn und Reisbrei	28
III Leckeres aus der Wetterau	29
Land und Leute in der Wetterau	30
Weckklöße (Echzell)	31
Nußschnaps (Butzbach)	32
Handkäse (Florstadt)	33
Römerdatteln (Friedberg)	34
Mäusekuchen (Reichelsheim)	35
Scheibenbroi (Münzenberg)	36
Kalbskrone (Bad Nauheim)	37
Rosentorte (Steinfurth)	38
Assemer Supp (Assenheim)	39
Kürbis (Bad Vilbel)	40
Essen und Trinken – gereimt im Wetteraner Dialekt	41

IV Knackiges aus der Rhön 42
Dreiländereck Rhön 43
Rhönforelle (Günthers) 44
Hollerploatz (Simmershausen) 45
Dutsch (Tann) 46
Flurgönter (Hilders) 47
Warmes Bier (Wendershausen) 48
Holundergelee (Abtsroda) 49
Kraut und Erbsbrei (Poppenhausen) 50
Lappehödes (Kleinsassen) 51
Johann-Adam-Suppe (Fulda) 52
Hirschbürgel (Fulda) 53
Sagen aus der Rhön 54

V Spezialitäten aus dem Habichtswald 55
Grenzland Habichtswald 56
Erbsensuppe mit Grießklößchen (Wolfhagen) 57
Grüner Kuchen (Naumburg-Altendorf) 58
Sprudelkuchen (Ehlen) 59
Gedämpfte mit Schmandsalat (Dörnberg) 60
Wildpfeffer (Bad Emstal) 61
Rosinensoße (Escheberg) 62
Hutzel (Breuna-Wettesingen) 63
Ferkelsüße (Zierenberg) 64
Scharkuchen (Riede) 65
Gefüllter Hahn (Schauenburg) 66
Der Hessencourrier 67

VI Herzhaftes aus dem Odenwald 68
Land und Leute im Odenwald 69
Backofenkartoffeln (Gumpen) 70
Semmede (Fränkisch-Crumbach) 71
Wellfleisch mit Sauerkraut (Höchst) 72
Speckpfannkuchen (Brensbach) 73
Grünkernsuppe (Beerfelden) 74
Hochzeitsessen (Beerfelden) 75
Dunkes (Michelstadt) 76
Äppelküchelche (Beerfurth) 77
Gänsstebbel (Erbach) 78
Lammkeule im Heu (Reichelsheim) 79
Heidemehlsklöß und Birnschnitz 80

VII Schlemmereien im Giessener Land 81
Das Land an der Lahn 82
Zuckerplatz (Biebertal) 83
Hummelhoink (Fernwald) 84
Kartoffelsalat mit Kraut (Buseck) 85
Griebenzettel (Linden-Leihgestern) 86
Zwiebelkuchen (Grünberg) 87
Krautkuchen (Laubach-Freienseen) 88
Schalet (Heuchelheim) 89

Quer durch de Garte (Gießen)	90
Gefüllte Lammschulter (Hungen)	91
Fisch mit Kräutern (Kloster Arnsburg)	92
Dem Owwerhess' offs Maul geguckt	93

VIII Küchengeheimnisse aus dem Büdinger Land ... 94

Das Büdinger Land	95
Wildschweinschmalz (Hof Leustadt)	96
Hefeklöße (Rinderbügen)	97
Quittenlikör (Herrnhaag)	98
Endiviensalat (Dudelsheim)	99
Fürstenspeise (Büdingen – Schloß)	100
Kartoffelgemüse (Büdingen – Stadt)	101
Waffeln mit Weincreme (Wolferborn)	102
Latwerge (Aulendiebach)	103
Kümmichsüpplein (Ronneburg)	104
Gefüllte Schweinskeule (Ronneburg)	105
Kleine Kräuterapotheke	106

IX Gaumenfreuden aus dem Taunus ... 107

Vom Taunus und seinem Namen	108
Erdbeerbowle (Kriftel)	109
Kronberger Käste (Kronberg)	110
Weilerknutsch (Schmitten)	111
Käsetorte (Hofheim)	112
Wissegemois (Usingen)	113
Gerstensuppe (Königstein)	114
Zwiebackpudding (Friedrichsdorf)	115
Reh mit Hutzeln (Weilrod)	116
Regge Kuche (Grävenwiesbach)	117
Königszunge (Bad Homburg)	118
Die Sage vom treuen Fräulein von Reifenberg	119

X Appetitliches aus dem Frankenberger Land ... 120

Das Frankenberger Land	121
Kichelblätze (Rennertehausen)	122
Bauernschmaus (Rosenthal)	123
Schepperlinge (Haubern)	124
Gefüllte Ente (Geismar)	125
Gebrannte Suppe (Haina)	126
Kartoffelkuchen (Laisa)	127
Speckhecht (Haßfeld)	128
Stachelbeerwein (Willersdorf)	129
Rindfleisch mit Meerch (Battenberg)	130
Krautkopf (Frankenberg)	131
Alte Hausinschriften	132

Hessen à la Carte

Produktionen des Hessischen Rundfunks
erschienen im Jünger Verlag

3060 Schmackhaftes aus Südhessen
3061 Kulinarisches aus Frankfurt
3062 Deftiges aus dem Vogelsberg
3063 Köstlichkeiten aus dem Rheingau
3064 Kräftiges aus der Schwalm
3065 Uriges aus dem Werraland
3066 Würziges aus dem Westerwald
3067 Wohlschmeckendes aus Waldeck
3068 Kerniges aus Waldhessen
3069 Knuspriges aus dem Marburger Land
3070 Pikantes aus der Kasseler Region
3071 Delikates aus Kinzigtal und Spessart
3072 Leckeres aus der Wetterau
3073 Knackiges aus der Rhön
3074 Spezialitäten aus dem Habichtswald
3075 Odenwald
3076 Schlemmereien aus dem Gießener Land
3077 Küchengeheimnisse aus dem Büdinger Land
3078 Gaumenfreuden aus dem Taunus
3079 Appetitliches aus dem Frankenberger Land

Jeder Titel à DM 19,95

zu beziehen beim

Jünger Verlag GmbH
Schumannstraße 161
63069 Offenbach

Telefon: 0 69/84 00 03-0
Telefax: 0 69/84 00 03-33